Workbook/Laboratory Manual
for
¿CÓMO SE DICE . . . ?

Ana C. Jarvis
Mesa Community College

Raquel Lebredo
California Baptist College

Workbook/Laboratory Manual for

¿CÓMO SE DICE...?

THIRD EDITION

D. C. Heath and Company

Lexington, Massachusetts   Toronto

International Standard Book Number: 0–669–08397–6

To the Teacher

The *Workbook/Laboratory Manual* for *¿Cómo se dice . . . ?* Third Edition has been designed to help strengthen students' command of the materials covered in class and on further developing their speaking and writing skills. In addition, this supplement is a useful instrument to help instructors and students verify the degree to which the material has been learned and understood. These objectives are best achieved if the exercises in the *Workbook* are completed after the corresponding material has been covered in class, as well as *in the language laboratory*.

The *Workbook* has exercises aimed at reinforcing both form and usage of the material covered in class including the students writing skills. We suggest that most or all of the exercises be done outside the classroom. The *Workbook* offers a vast variety of activities, such as:

1. completion exercises
2. charts to be filled in
3. translation charts, which guide students in the study of sentence structure
4. more than one hundred activities based on illustrations that offer visual reinforcement and encourage thinking in Spanish
5. *¿Cómo se dice . . . ?* sections requiring students to provide Spanish equivalents in dialogue form
6. crossword puzzles designed to make students use the vocabulary covered in each chapter
7. *Check your progress,* a section designed as a mini-test, which could be turned in or checked in class

Except for item 7, the answers to all of these activities appear at the end of the *Workbook/Laboratory Manual,* allowing students to work individually and to check their own progress at their own pace.

The *Laboratory Manual* is composed of material to be done in coordination with the audio program: an introduction to Spanish sounds, including linking, with descriptions of vowels and consonants, followed by examples for student repetition; dialogues for both listening and repetition; multiple choice or true-false sections based on the dialogues; pronunciation and grammar exercises; and dictations. Most of the examples and drills in the audio program are reproduced in the *Laboratory Manual.* The drills allow for ample student participation, with the objective of developing the ability to identify and master sounds. Most of them call for double repetition. The listening and writing drills are usually in the form of dictations.

Following every five lessons, there is a general review, using the structure and the vocabulary learned up to that point. These reviews consist of question-answer exercises, with clues provided after each question.

An answer key for the written exercises is provided at the back of the *Laboratory Manual.* Students need not go to the textbook for any taped exercises, as all the key elements of the audio program are included in the *Laboratory Manual.*

We consider the *Workbook/Laboratory Manual* to be a very important part of the study program. Students should be encouraged to use it faithfully and to make a conscientious effort to associate sound, form, and syntax with meaning in order to attain the desired level of proficiency for an elementary Spanish course.

We are confident that the *Workbook/Laboratory Manual,* in combination with the audio program and the textbook, will prove a very effective method for mastering Spanish.

To the Student

This *Workbook/Laboratory Manual* has been designed to help you master the material presented in the textbook *¿Cómo se dice . . . ?* Third Edition. We suggest that you do all the exercises for each lesson. When you have finished, turn to the answer key at the end of the book. Use a red pen to correct any mistakes you might have made. Then, review the material you have not mastered, if any.

 ¡Buena suerte! (Good Luck!)

Ana C. Jarvis
Raquel Lebredo

Contents

WORKBOOK

LABORATORY MANUAL

ANSWER KEYS

Workbook/Laboratory Manual
for
¿CÓMO SE DICE . . . ?

Workbook

INTRODUCCIÓN

A. *Complete the following exchanges.*

1. –Buenos días, señora.

   – ....Buenos días............, Paco.

2. –Muchas ...gracias......................., Anita.

   –De .....nada............................., señor.

3. –¿ Como se llama usted
   –Margarita Sandoval.

4. –Hasta .luego............................., señora.
   –Adiós.

5. – ....mucho gusto......, señorita.
   –El gusto es mío.

6. –¿Qué dia es hoy...............?

   – .....Hoy es..................... jueves.

7. –¿Cómo esta usted.............?

   – ..No Muy bien........ bien.
   –Lo siento.

8. –¿ Cuál es tu número de ¿teléfono?
   –794-3240.

9. –¿Qué ...quiere decir............. «alumno»?

   – ....Quiere decir............ «student».

10. –¿Cómo ...se dice..................... «my name is»?

    –Se dice « ...Me llamo.....................».

B. *Complete the following series appropriately with numbers from 0 to 10.*

1. dos, cuatro, ...seis................., ...ocho.....................,

   .....diez.............

2. tres, seis, ...nueve............

3. uno, tres, cinco, ...siete................, ..nueve................

4. cero, cinco, ...diez................

C. *Write the days of the week in the calendar below. (Remember that in Spanish-speaking countries the week starts on Monday.)*

SEPTIEMBRE

lunes	martes	miércoles	jueves	viernes	sábado	domingo
		1	2	3	4	5
6	7	8	9	10	11	12

D. *Be a painter! What colors will result when you mix the following?*

1. amarillo y azul: ..verde................

2. blanco y negro: ...gris................

3. rojo y blanco: ....rosado............

4. amarillo y rojo: .anaranjado...

E. *Hidden words. The names of two people and thirteen objects are hidden in the puzzle below. Reading horizontally and vertically, find and list them with their corresponding definite articles.*

A	R	E	L	O	J	E	S	I	L	L	A
O	M	S	V	E	N	T	A	N	A	X	T
Z	V	C	U	A	D	E	R	N	O	S	A
B	O	R	R	A	D	O	R	O	C	A	C
P	L	I	S	A	M	P	U	E	R	T	A
L	O	T	I	Z	A	L	U	M	N	O	R
U	N	O	R	A	P	I	Z	A	R	R	A
M	O	R	C	L	A	P	I	C	E	S	L
A	I	I	A	E	S	L	I	B	R	O	S
P	R	O	F	E	S	O	R	A	M	I	R

1. la... ventana ✓   4. la... puerta........✓

2. el... borrador ✓   5. el... alumno......✓

3. la... profesora ✓   6. la... pizarra ..✓

2

7. los   lapices ✓

8. los   libros ✓

9. la   tiza ✓

10. el   escritorio ✓

11. los   cuadernos ✓

12. la   pluma ✓

13. la   silla ✓

14. los   relojes ✓

15. los   mapas ✓

Lección 1

Name ....

Section ....

Date ....

A. *Supply the personal pronouns that correspond to each picture below.*

1. ....

2. ....

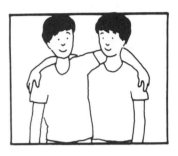

3. ....

4. ....

5. ....

6. ....

7. ....

8. ....

9. ....

10. ....

B. *Match each verb with its corresponding personal pronoun.*

1. estudiamos ....   a. yo

2. necesitas ....   b. Uds.

3. trabajan ....   c. nosotros

4. hablo ....   d. ella

5. estudia ....   e. tú

C. *Fill in the blanks with the correct present indicative forms of the following verbs.*

     trabajar   hablar   necesitar   estudiar   llamar   desear

1. Uds .... dinero.

2. María y Juan .... estudiar la lección.

3. Raquel y yo .... alemán y ruso.

4. Yo .... más tarde.

5. Tú .... mañana en el mercado.

6. Teresa .... inglés en la universidad.

D. *Supply **el, la, los,** or **las,** as needed below.*

1. .... problemas   6. .... certidumbre   11. .... hospital

2. .... conversación   7. .... manos   12. .... universidad

3. .... sociedad   8. .... programa   13. .... lecciones

4. .... teléfono   9. .... libertad   14. .... ventana

5. .... días   10. .... idiomas   15. .... ciudad

E. *Complete the chart below.*

Affirmative	Interrogative	Negative
1. Yo hablo español.	....	....
2.	....	Eva no llama mañana.
3.	¿Está en el mercado?	....
4.	¿Ellos desean trabajar?	....
5.	....	No necesitas dinero.
6. Trabajamos esta noche.	....	....
7. Él habla español muy bien.	....	....
8.	¿Estudian Uds. inglés?	....

9. ....   Los profesores no trabajan.

10. Nosotros necesitamos dinero.   ....

F. *¿Cómo se dice... ? (How does one say . . . ?)*

1. (*On the phone*)
   "Hello. Is Ana home?"
   "Yes. One moment, please."

   ....

   ....

   ....

2. "Hi! How is it going?"
   "So-so . . . " (More or less . . .)
   "Why?"
   "Love problems . . . and financial problems . . . "
   "Do you need money?"
   "Yes!"

   ....

   ....

   ....

   ....

   ....

   ....

3. "Good evening. Where is Mr. López? At the market?"
   "Yes, madam."
   "Then . . . I'll see you tomorrow."
   "Good-bye."

   ....

   ....

   ....

   ....

4. "Is Luis (home)?"
   "This is he. Olga? What's new?"
   "Nothing. Listen! Are we studying tonight?"
   "Yes."
   "See you later, then."

   ....

7

....

....

....

G. *Write the following numbers in Spanish.*

1. 11 ....

2. 45 ....

3. 14 ....

4. 15 ....

5. 12 ....

6. 67 ....

7. 13 ....

8. 100 ....

9. 29 ....

10. 35 ....

11. 86 ....

12. 17 ....

13. 30 ....

14. 78 ....

15. 92 ....

16. 19 ....

H. *Unscramble the following words to form sentences.*

1. los / mucho / necesitan / profesores / dinero

....

2. María / mercado / no / en / trabaja / el

....

3. ¿ / desea / o / Pedro / con / María / con / hablar / ?

....

A. *Form sentences with the elements below. Follow the model.*

Modelo: Mario / esposa / trabajar / hospital
La esposa de Mario trabaja en el hospital.

1. La señora Gómez / hijo / estudiar / español

   ....

   ....

2. Ana / libro / está / la clase

   ....

3. Rosa / hijos / necesitar / dinero

   ....

4. José / cuaderno / está / en la mesa

   ....

5. Raquel / esposo / desear / hablar / con / Rosa / hija

   ....

   ....

B. *Form sentences, using the elements below and the verb **ser**.*

1. ellos / profesores

   ....

2. ¿ / tú / de Madrid / ?

   ....

3. ella / casada

   ....

9

4. yo / mexicano

....

5. nosotros / no / enfermeros

....

6. ¿ / Ud. / ingeniero / Sr. Cervantes / ?

....

C. *Complete each sentence, using the appropriate word from the following list and supplying the corresponding definite article.*

mexicana	español	mexicanos	blanca
azules	blancas	rojo	norteamericanas

1. .... niños .... hablan español.

2. Necesito .... lápiz ....

3. .... profesor .... no habla inglés.

4. .... lápices son ....

5. .... mesa .... es de Juan.

6. .... profesoras .... no hablan español.

7. .... hija de José es ....

8. Necesito .... tizas ....

D. *Complete the following sentences, using the appropriate possessive adjectives. Be sure each possessive adjective agrees with its subject.*

Modelo: Yo tengo un libro.
      Es mi libro.

1. Nosotros tenemos una profesora. Es .... profesora.

2. Ella tiene dos lápices. Son .... lápices. (Son .... lápices

   de ....)

3. Tú tienes un escritorio. Es .... escritorio.

4. Nosotros tenemos tres hijos. Son .... hijos.

5. Ellos tienen dinero. Es .... dinero. (Es .... dinero

   de ....)

6. Yo tengo dos plumas rojas. Son .... plumas.

7. Uds. tienen un profesor. Es .... profesor. (Es .... profesor

   de ....)

8. Ud. tiene una hija. Es .... hija. (Es .... hija

   de ....)

E. *Complete the chart below.*

Infinitive	yo	tú	Ud., él, ella	nosotros	Uds., ellos
leer	leo	lees	lee	leemos	leen
comer	como			comemos	
creer		crees			creen
beber					
escribir		escribes		escribimos	
recibir	recibo		recibe		reciben
decidir					

F. *Fill in the blanks with the correct form of **tener** or **venir**.*

1. Nosotros no .... su dirección.

2. Yo .... con mi esposa ahora.

3. Ellos .... a la cafetería después.

4. ¿ .... tú la otra planilla?

5. ¿ .... Ud. a solicitar trabajo?

6. Yo no .... hijos.

7. ¿ .... tú la información?

8. Nosotras .... con la recepcionista y con el ingeniero.

9. ¿ .... (tú) a trabajar en nuestra compañía?

10. Rosa .... mi número de teléfono.

G. *¿Cómo se dice... ?*

1. "Have a seat, please!"
   "Thanks."
   "Are you (a) North American?"

"Yes, I am from the United States."

....

....

....

....

....

2. "Place of birth?"
   "United States."
   "Age?"
   "Thirty (years)"
   "Marital status?"
   "I'm (a) widow."
   "Profession?"
   "Nurse."

....

....

....

....

....

....

....

3. "Must I fill out the form now?"
   "Yes, please."

....

....

4. "What is your name?"
   "My name is Rosa."
   "Are you single . . . divorced . . . ?"
   "I'm married, sir."
   "How many children do you have?"
   "I have five children."

....

....

....

....

....

....

H. *Complete the following form.*

Información personal

Nombre y apellido ....

....

Lugar de nacimiento ....

....

Edad ....

....

Estado civil ....

....

Dirección ....

....

Número de teléfono ....

....

Esposo(-a) ....

....

I. *Crucigrama (covering vocabulary from lecciones 1 and 2)*

HORIZONTAL

3. Deciden comer en la _____ de la universidad.
7. Contestamos las _____ de la profesora.
9. Mi _____ es David.
12. ¿Lugar de _____? Los Angeles, California.
15. La enfermera trabaja en el _____ .
16. Tengo problemas económicos; necesito _____ .
18. Debe llenar la _____ .

20. Mi _____ es Rodríguez.
23. ¿Qué tal? ¿Qué hay de _____?
25. No es divorciado; está _____ de su esposa.
27. No es casada; es _____ .
29. sándwich, en España
30. *to enter,* en español

VERTICAL

1. Estudiamos la _____ dos.
2. Deseo un sándwich de _____ y queso.
4. *also,* en español
5. Necesito trabajar: vengo a solicitar _____ .
6. La recepcionista contesta el _____ .
8. ¡Buenos días! _____ asiento, por favor.
10. dirección
11. Ellos son norteamericanos; hablan _____ .
13. Viven en la _____ de México.

14. Ella es de México; es _____ .
17. Los españoles hablan _____ .
19. Rosa es mi hija. Juan es mi hijo. Ellos son mis _____ .
21. *wife,* en español
22. Comemos ensalada y _____ refrescos.
24. ¿Mi _____? Soy ingeniero.
26. Vivo en la _____ Magnolia.
28. Trabajo _____ la compañía Sandoval.

Check Your Progress
(Lecciones 1 y 2)

Lección 1

A. *Answer the following questions with the cues provided. Always include the subject pronoun.*

1. ¿Qué idioma estudia Ud.?   (español)

   ....

2. ¿Habla francés el profesor?   (no)

   ....

3. ¿Dónde trabajan Uds.?   (en el mercado)

   ....

4. ¿Tú deseas estudiar alemán?   (sí)

   ....

5. ¿Qué necesitan los profesores?   (dinero)

   ....

6. ¿Yo hablo japonés?   (no, tú...)

   ....

B. *Place the following words in the corresponding columns and supply the appropriate indefinite articles.*

muchedumbre (*crowd*)	amistad (*friendship*)	sistema
organización	día	mano
telegrama	presión (*pressure*)	poema
	universidad	

Femenino	*Masculino*
1.	6. ....
2.	7. ....
3.	8. ....
4.	9. ....
5.	10. ....

C. *Solve the following mathematical problems.*

1. once + quince = ...

2. cuarenta y tres − treinta = ...

3. sesenta y dos + treinta y ocho = ...

4. noventa y siete − dieciséis = ...

5. setenta − veinte = ...

Lección 2

A. *Complete the following sentences with the present indicative of the verbs in parentheses.*

1. Yo .... (ser) de México y tú .... (ser) de Ecuador.

2. Nosotros no .... (tener) dinero.

3. Ellos .... (venir) con Eva y yo .... (venir) con Ana.

4. Yo .... (vivir) en Quito y Luis .... (vivir) en Lima.

5. Tú .... (comer) sándwiches y .... (beber) refrescos.

6. Nosotros .... (ser) cubanos. Ahora .... (vivir) en Miami.

B. *Establish possession or relationship between the elements given, using de.*

1. Carlos / escritorio ....

2. profesora / hijos ....

3. La señora Peña / hija ....

4. estudiantes / libros ....

C. *Change the following phrases according to each new element.*

1. el profesor norteamericano

.... profesora ....

2. los estudiantes mexicanos

las ....

3. el lápiz azul

.... plumas ....

4. la tiza roja

.... cuaderno ....

D. *Give the Spanish equivalent of the following sentences.*

1. My children read in Spanish.

....

2. Miss López is our professor.

....

3. Her students are from Lima.

....

4. Where is your teacher from? (**tú** form)

....

Lección 3

A. *¿Qué tienen?*

1. Elena ....

2. Yo ....

3. Nosotros ....

4. Ellos ....

5. Tú ....

6. Ud. ....

7. Él ....

8. Ella ....

B. *Rewrite the following sentences, using **tener que**.*

Modelo: Yo trabajo mucho.
          Yo tengo que trabajar mucho.

1. Ellos invitan a sus amigos.

....

2. ¿Tú llevas los discos?

....

3. Ella no habla japonés.

....

4. Yo estudio esta noche.

....

5. Nosotros no escribimos en francés.

....

C. *Supply the definite article, **de** + the definite article, or **a** + the definite article, as required.*

1. Marta va .... fiestas.

          .... mercado.

          .... bailes.

          .... ciudad de México.

2. Rodolfo lleva .... señora.

          .... niño.

          .... bebidas.

          .... novia de Pedro.

          .... chicas.

.... champán.

.... muchachos.

3. El dinero es .... señor López.

.... señorita Díaz.

.... chicos.

.... muchachas.

D. *Complete each of the following sentences with the correct form of the verb in the present indicative.*

1. Yo (ir) .... a la fiesta.

   (dar) .... dinero.

   (estar) .... en el club.

2. Tú (ir) .... al mercado.

   (dar) .... tu número de teléfono.

   (estar) .... bien.

3. José (ir) .... al baile.

   (dar) .... la dirección.

   (estar) .... en la terraza.

4. Carlos y yo (ir) .... a Buenos Aires.

   (dar) .... un baile.

   (estar) .... al teléfono.

5. Los muchachos (ir) .... con sus compañeros.

   (dar) .... sus nombres.

   (estar) .... en Cuba.

E. *Solve the following mathematical problems.*

1. mil − trescientos = ...

2. quinientos + setecientos ochenta = ...

3. cien + novecientos setenta = ...

4. dos mil − seiscientos noventa = ...

5. cuatrocientos + doscientos cincuenta = ...

F. *¿Cómo se dice... ?*

1. "Where are your friends?"
   "They are at the club."

   ....

   ....

2. "Are you in a hurry, Miss Peña?"
   "Yes, I have to go to the hospital."

   ....

   ....

3. "Are you taking the girls to the party?"
   "No, I am very tired."

   ....

   ....

G. *Unscramble the following words to form sentences.*

1. uruguayo / amigo / Vélez / del / es / el / señor

   ....

2. la / club / llevar / Pedro / que / hermana / tengo / a / al / de

   ....

3. ¿ / a / fin / llevas / quién / año / de / a / de / fiesta / la / ?

   ....

Name ....

Section ....

Date ....

A. *Complete the following chart.*

Subject	Infinitive	Present Indicative
las chicas	preferir	....
....	....	entiendo
ustedes	querer	....
....	....	cerramos
Fernando	perder	....
....	....	empiezas
Ud.	pensar	....
....	....	comenzamos

B. *Look at the picture below and complete the following sentences, relating what the people are doing and establishing comparisons among them.*

1. Alberto .... con Rita. Rita es .... que

   Alberto. Él es .... que ella.

2. Julio y Elisa .... Julio es mucho ....

   que ella.

3. Luis es .... que Mario. Luis es el ....

   .... de la fiesta.

4. Pedro es .... que Alberto.

5. Estela y Dora .... café. Estela es .... que Dora.

   Dora es la .... de la fiesta, y Estela es la ....

   ....

C. *Complete the following sentences, using the model as a guide.*

   Modelo: Yo tengo cincuenta pesos y tú tienes veinticinco pesos.
   Yo tengo más que tú.
   Tú tienes menos que yo.

   1. Elena tiene veinte años. Jorge tiene treinta años.

      Elena es .... que Jorge. Jorge es .... que Elena.

   2. Marta tiene una «A» en alemán, Felicia tiene una «B» y Ramón tiene una «D».

      Ramón es el .... Marta es la ....

   3. Yo hablo inglés mal. Tú hablas inglés muy bien.

      Yo hablo inglés .... que tú. Tú hablas inglés .... que yo.

   4. Yo trabajo mucho. Tú trabajas poco.

      Yo trabajo .... que tú. Tú trabajas .... que yo.

   5. Un elefante es .... que un canario.

      Un canario es .... que un elefante.

D. *Complete each sentence with the appropriate form of* **ir** + **a** + *infinitive. Use the verbs from the following list, as necessary.*

manejar	asistir	empezar
viajar	extrañar	perder

   1. Yo .... a la universidad.

   2. Mis primos no .... la oportunidad de practicar el chino.

   3. ¿Tú .... tu coche?

4. Las clases .... en septiembre.

5. Mi sobrina y yo .... a Venezuela en el verano.

6. Elsa .... mucho a su familia.

E. *In which season does each of the following months fall?*

1. febrero ....

2. agosto ....

3. marzo ....

4. enero ....

5. octubre ....

6. julio ....

7. abril ....

8. noviembre ....

F. *¿Cómo se dice... ?*

1. ''Do you want to go by bus, Mr. Alvarez?''
   ''No, I prefer to go by car. It's more comfortable.''

   ....

   ....

2. ''Your cousin is very handsome.''
   ''Yes, but he has (a) girlfriend.''
   ''Is she prettier than I?''
   ''Yes, but you are more intelligent.''

   ....

   ....

   ....

   ....

3. ''Are you younger than your brother?''
   ''No, I'm two years older than he (is).''

   ....

   ....

4. ''You are the most beautiful girl in the world.''
   ''Thank you.''

   ....

   ....

   ....

G. Crucigrama (covering vocabulary from *lecciones* 3 and 4).

HORIZONTAL

1. El champán es una _____ .
4. No quiero bailar; estoy muy _____ .
6. opuesto de **menor**
8. No es estúpido; es muy _____ .
9. cuarto, _____ , sexto...
10. Madrid es la capital de _____ .
11. opuesto de **antipático**
13. opuesto de **guapo**
14. No es un hotel; es una _____ .

17. foto
19. invierno, _____ , verano...
20. ómnibus
22. empiezo
24. chico
25. No es rubio, no es moreno; es _____ .
28. No comemos en la cafetería; comemos en un _____ .
29. opuesto de **fea**

VERTICAL

1. Vamos al _____ de fin de año.
2. opuesto de **bajo**
3. doce de la **noche**
5. opuesto de **gordo**
7. El papá de mi mamá es mi _____ .
12. cuadro
15. Es de Uruguay; es _____ .
16. Aquí tengo los discos. ¿Dónde está el _____ ?

18. coche
21. Vamos a viajar este fin de _____ .
23. El esposo de mi hermana es mi _____ .
25. opuesto de **grande**
26. primer mes del año
27. No vive en un apartamento; vive en una _____ .

26

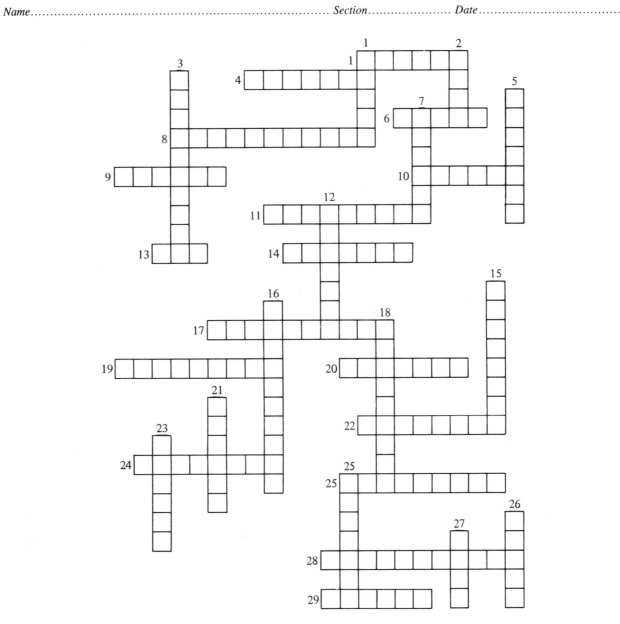

Check Your Progress (Lecciones 3 y 4)

Lección 3

A. *Complete the following sentences, using the appropriate forms of **ir, dar,** or **estar.***

1. Yo nunca .... fiestas.

2. ¿Tú .... al baile del club?

3. Teresa .... en la terraza. ¿Dónde .... ellos?

4. Nosotros no .... al baile pero Luis ....

5. ¿Ud. .... a la fiesta que .... Irma?

B. *Answer the following questions with complete sentences.*

1. ¿A dónde tienes que ir?

   ....

2. ¿Qué comes cuando tienes hambre?

   ....

3. ¿Tú vas a los bailes de la universidad?

   ....

C. *Give the Spanish equivalent of the following sentences.*

1. I have to take my sister to the club.

   ....

2. We are very hungry. Where are the hors d'œuvres?

   ....

3. They have to bring my girlfriend from the hospital.

   ....

Lección 4

A. *Answer the following questions.*

1. ¿Prefieren Uds. manejar o viajar en autobús?

   ....

2. ¿Vas a asistir a la universidad en el verano?

   ....

29

3. ¿Es Ud. menor o mayor que el profesor (la profesora)?

....

4. ¿Quién es el más alto de su familia?

....

B. *Complete the following sentences with the present indicative of the verbs in parentheses.*

1. Nosotros .... (querer) champán y ellos .... (querer) sidra.

2. Nosotros .... (comenzar) en el otoño. ¿Cuando .... (comenzar) Uds.?

3. Las clases .... (empezar) en enero. ¿Tú .... (pensar) asistir?

C. *Give the Spanish equivalent of the following sentences.*

1. My nephew is the best student in the class.

....

2. Are you as tall as your father?

....

3. Are you going to miss your family?

....

Lección 5

Name ....

Section ....

Date ....

A. *Complete the chart below.*

Subject	Infinitive	Present Indicative
yo	poder	....
....	....	volvemos
Uds.	almorzar	....
....	....	encuentras
Luis	dormir	....
....	....	vuelo
las empleadas	recordar	....
....	....	podemos
el pasaje	costar	....

B. *Answer the questions below with complete Spanish sentences, based on the illustration on page 32.*

1. ¿Cuántos hombres hay en el aeropuerto? ....

   ....

2. ¿Cuántas maletas hay? ....

   ....

3. ¿Cuál es la puerta de salida? ....

   ....

4. ¿Cuántos empleados hay? ....

   ....

5. ¿Qué tiene el señor? ....

   ....

6. ¿Cuántos teléfonos hay? ....
....

C. *Write what each of the following people is doing.*

1. Ella ....
....

2. El profesor ....
....

3. Ellos ....

....

4. Tú ....

.... la comida.

5. Yo ....

....

D. *Complete the chart below.*

English	es/son	la/las	hora	y/menos	minutos
It is one o'clock.	**Es**	**la**	**una.**		
It is a quarter after four.	Son	las	cuatro	y	cuarto.
It is ten to seven.				menos	diez.
It is twenty after six.		las			
It is one-thirty.					media.
It is five to ten.			diez		
It is a quarter to two.				menos	
It is twenty-five to eight.			ocho		
It is nine o'clock.	Son				

E. *Complete the following sentences, using the correct pronouns.*

1. La maleta es para   .... (yo)

.... (ellos)

.... (Ud.)

.... (tú)

.... (nosotros)

2. Ellos hablan de .... (nosotros)

.... (tú)

.... (yo)

.... (él)

.... (Uds.)

3. Raúl va con .... (ellas)

.... (tú)

.... (nosotros)

.... (yo)

.... (ella)

F. *Look at the picture below and describe what you see, using the absolute superlative.*

1. Dos ....

2. Dos ....

3. Tres ....

4. Tres ....

5. Un ....

G. *¿Cómo se dice... ?*

1. "What time does the boat leave?"
   "It leaves at ten o'clock in the morning, sir."

   ....

   ....

2. "What time does the bus arrive?"
   "At ten after five, madam."
   "Is there a train in the morning?"
   "Yes, there is one at eight-thirty."

   ....

   ....

   ....

   ....

   ....

3. "Does the plane arrive at midnight?"
   "No, sir. It's three hours behind schedule."

   ....

   ....

   ....

4. "I want a one-way ticket to Rio."
   "First-class?"
   "No, tourist class. Are there (any) flights on Saturday mornings?"
   "Yes, at eleven-thirty."

   ....

   ....

   ....

   ....

   ....

5. "What time is breakfast?"
   "Breakfast is at eight, lunch is at two, and dinner is at nine."

   ....

   ....

H. *Unscramble the following words to form sentences.*

1. al / y / llega / media / dos / agente / el / las / a / aeropuerto

   ....

2. ¿ / cuesta / primera / de / de / un / cuánto / pasaje / ida / clase / ?

   ....

Lección 6

A. *Complete the chart below.*

Infinitivo	yo	tú	Ud., él, ella	nosotros	Uds., ellos, ellas
servir					
	pido				
		dices			
			sigue		
					consiguen

B. *Complete the following dialogues, using direct object pronouns.*

Modelo: ¿Ella llama *a Teresa?*
Sí, ella la llama.

1. ¿Ellos *te* visitan?

    Sí, ellos ...... visitan.

2. ¿Tú llamas *a Jorge?*

    Sí, yo ...... llamo.

3. ¿Tú vas a comprar *los pasajes?*

    Sí, yo voy a comprar...... .

4. ¿Ustedes *nos* llaman (a nosotras)?

    Sí, nosotros ...... llamamos.

5. ¿Jorge va a llevar a *las chicas?*

    Sí, Jorge va a llevar ....

6. ¿Anita trae *el tocadiscos?*

    Sí, Anita .... trae.

7. ¿Tú *me* llamas mañana?

    Sí, yo ...... llamo mañana.

8. ¿Ellos *las* llevan (*a Uds.*) a la fiesta?

   Sí, ellos ...... llevan   a la fiesta.

9. ¿Ellos *las* llevan (*a ellas*) a la fiesta?

   Sí, ellos ...... llevan   a la fiesta.

10. ¿Tú puedes traer *la maleta de Jorge?*

    Sí, yo puedo traer......... .

C. *Rewrite the following story, making everything negative.*

Elena siempre va al mercado. Siempre compra algo porque tiene mucho dinero. Su esposo va también. Ellos dicen que algún día van a visitar a la madre de Elena. Dicen que también van a visitar a alguien los sábados. Algunos de sus amigos los visitan los domingos, y Elena sirve vino o refrescos. Elena es muy simpática, y su esposo es muy simpático también.

....

....

....

....

....

....

D. *Write the Spanish equivalent of the following items, according to the illustrations below.*

1. this, these

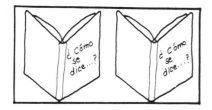

a. ....

b. ....

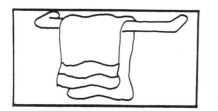

c. ....

38

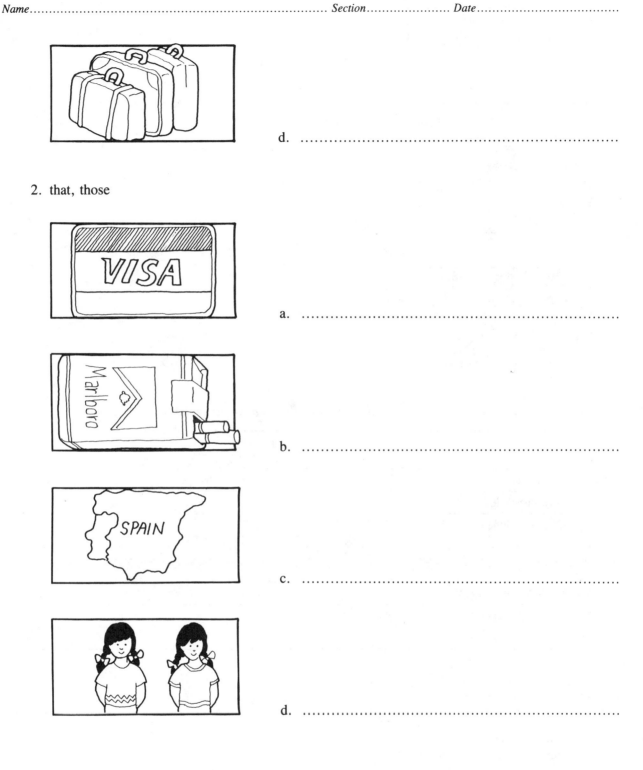

d. ....

2. that, those

a. ....

b. ....

c. ....

d. ....

3. that (over there), those (over there)

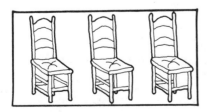

a. ....

39

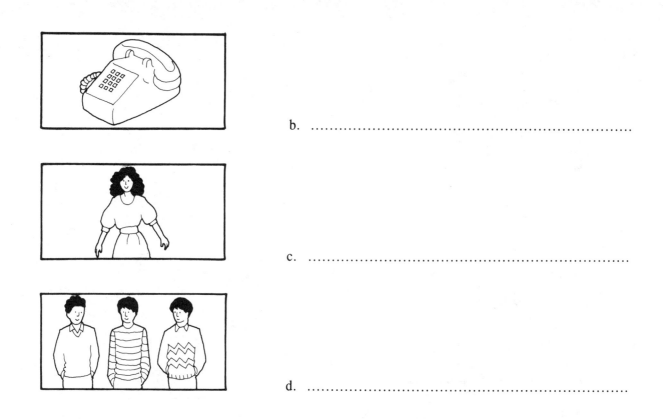

b. ....

c. ....

d. ....

E. *Complete the following chart as shown. Note how the Spanish equivalents are formed.*

English	Subject	Verb acabar	de	Infinitive
I have just eaten.	**Yo**	**acabo**	**de**	**comer.**
You have just called.	Tú			
You have just signed.	Ud.			
He has just arrived.				
She has just read.				
We have just paid.				
You have just spoken.	Uds.			
They have just written.				

F. *¿Cómo se dice... ?*

1. "I want a room with a view of the street."
   "This one is vacant."
   "Fine. Should I sign the register?"
   "Yes, you must sign it."

   ....

   ....

   ....

   ....

....

....

2. "Is this your camera?"
   "Yes, and I also have these cigarettes. Nothing else."

....

....

....

3. "Is there a good hotel here?"
   "Yes, and there are some restaurants and boardinghouses too."
   "Where can I get a taxi?"
   "The first door on the left."

....

....

....

....

....

....

4. "Can somebody take those suitcases to my room, please?"
   "Yes, the bellhop can take them right away. Here is the key."

....

....

....

....

5. "Do you have (any) rooms? I'm on the waiting list."
   "Yes, I have one that is on the seventh floor."

....

....

....

....

G. *Crucigrama (covering vocabulary from lecciones 5 and 6)*

HORIZONTAL

2. El _____ lleva las maletas al cuarto.
5. ¿Desea una habitación doble o _____?
7. No voy a ir al hotel; voy a _____ las reservaciones.
8. No quiero un pasaje de primera clase. Quiero clase _____ .
10. opuesto de **muchos**
11. opuesto de **mediodía**
12. Tiene una cámara _____ .
14. billete
17. No quiero asiento de pasillo; quiero asiento de _____ .
18. No es con vista a la calle; es _____ .
19. Voy al aeropuerto para tomar el _____ .
21. Quiero un cuarto con baño _____ .
25. Puede llevar el _____ de mano con Ud.
26. Necesito jabón y _____ .
27. opuesto de **salida**
28. Tiene muchas maletas; tiene que pagar exceso de _____ .

VERTICAL

1. Venden objetos de oro y _____ .
3. Si viaja por Amtrak, viaja por _____ .
4. Quiero almorzar. ¿A qué hora es el _____?
6. Pido la visa en la _____ .
9. ¿Cuál es la _____ de salida?
10. No es un hotel; es una _____ .
12. Yo no fumo; no quiero un asiento en la sección de _____ .
13. No tengo dinero pero tengo cheques de _____ .
15. ascensor
16. cuarto
20. Necesito un pasaje de ida y _____ .
22. Voy a pasar por la aduana, pero no tengo nada que _____ .
23. valija
24. automóvil

Check Your Progress (Lecciones 5 y 6)

Lección 5

A. *Complete the following sentences with the present indicative of the verbs in the list.*

recordar   poder   costar   volver   dormir   almorzar

1. ¿Cuánto .... el libro?

2. Ana y yo .... a la universidad a las ocho.

3. Ellos .... en la cafetería.

4. Tú no .... porque no tienes sueño.

5. Yo no .... su nombre.

6. Uds. no .... dejar el equipaje aquí.

B. *Change the verbs in the following sentences to the present progressive.*

1. Ellos lo leen: ....

2. Ella sirve el café: ....

3. Nosotros comemos ensalada: ....

4. Yo no digo nada: ....

5. ¿Qué estudias?: ....

C. *Answer the following questions with complete sentences.*

1. ¿A qué hora es su clase de español?

....

2. ¿Cuántos estudiantes hay en la clase?

....

3. ¿Cuándo pueden Uds. ir a mi casa?

....

D. *Give the Spanish equivalent of the following sentences.*

1. Is she going to study with you or with me? (*Use **tú** form*)

....

43

2. The ticket is extremely expensive.

....

Lección 6

A. *Rewrite the following sentences with the verbs in parentheses.*

1. Reciben el dinero.   (conseguir) ....

2. Toma café.   (pedir) ....

3. No lo creo.   (decir) ....

4. Compramos refrescos.   (servir) ....

5. ¿Llamas a la profesora?   (seguir) ....

B. *Answer the following questions affirmatively, replacing the underlined words with the appropriate direct object pronouns.*

1. ¿Vas a llama<u>rme</u> mañana?

....

2. ¿Necesitas <u>las maletas</u>?

....

3. ¿Puedo tomar <u>el ómnibus</u> aquí?

....

4. ¿Eva <u>los</u> visita <u>a Uds.</u> los sábados?

....

C. *Change the following sentences to the affirmative.*

1. Nunca compro nada.

....

2. No hay nadie en el cuarto.

....

3. No tomo ni café ni té.

....

4. No tengo ningún amigo argentino.

....

D. *Give the Spanish equivalent of the following sentences.*

1. He has just signed the register.

....

44

2. I don't want this camera; I prefer that one over there.

....

....

Lección 7

Name ....

Section ....

Date ....

A. Complete each sentence with either **ser** or **estar,** as appropriate. Indicate the reason for your choice by placing its corresponding number in the blank provided before the sentence.

Uses of **ser**	Uses of **estar**
1. characteristic / expressions of age	7. condition
2. material made of	8. location
3. nationality / origin / profession	9. reaction / senses
4. time and dates	10. in the present progressive
5. with events	
6. possession / relationship	

... 1. La comida .... muy rica hoy.

... 2. Ellos .... celebrando su aniversario de bodas.

... 3. Miguel Ángel .... mi hijo.

... 4. La fiesta .... en un club nocturno.

... 5. Nosotros .... norteamericanos: yo .... de Arizona y ella

.... de Utah.

... 6. El teatro .... en la calle Cuarta.

... 7. Ana .... muy joven.

... 8. Éstos .... mis cuadernos.

... 9. Este café .... frío.

... 10. ¿Dónde .... el mozo?

... 11. Rogelio .... muy inteligente.

... 12. Yo .... ingeniero.

... 13. .... las dos y media.

... 14. La mesa .... de metal.

B. *Change the subjects in each of the following sentences to* **yo.**

1. Ellos salen a las dos.

   ....

2. Él trae los libros y traduce las lecciones.

   ....

3. Nosotros no hacemos nada los domingos ni vemos a nadie.

   ....

4. Ella conoce España pero no sabe español.

   ....

5. Uds. no caben aquí.

   ....

6. Olga conduce un Cadillac.

   ....

C. *Write sentences using* **saber, conocer, pedir,** *or* **preguntar** *and the elements given.*

1. nosotros / Teresa

   ....

2. yo / nunca / dinero

   ....

3. Ellos / hablar / inglés

   ....

4. Oscar / me / qué hora es

   ....

5. Armando / no / japonés

   ....

D. *A good waiter always serves his or her customers exactly what they order. Write what the waiter serves the following people, using indirect object pronouns. Follow the model.*

Modelo: *Adela pide filete.*
    El mozo le sirve filete.

1. *Yo* pido arroz con frijoles.

   ....

2. *Uds*. piden una botella de vermut.

....

3. *Nosotros* pedimos flan con crema.

....

4. *Ud*. pide pavo relleno.

....

5. *Tú* pides camarones.

....

6. *Ernesto* pide lechón asado.

....

7. *María y Jorge* piden langosta.

....

8. *Estela* pide cordero.

....

E. *Complete the following chart, using the special Spanish construction to translate the English* to like.

English	Indirect Object	Verb **gustar**	Person(s) or Thing(s) Liked
I like John.	**Me**	**gusta**	**Juan.**
I like meatballs.	**Me**	**gustan**	**las albóndigas.**
You (*fam.*) like the book.	Te		
He likes the pens.			las plumas.
She likes her job.	Le		
We like this restaurant.	Nos		
You (*pl.*) like the dessert.	Les	gusta	
They like to work.			trabajar.
I like to dance.			
You (*fam.*) like this soup.	Te		
He likes to practice.			
We like those boys.			
They like the professors.			

F. *¿Cómo se dice... ?*

1. "Are you going to ask them for money?"
   "Yes, because I want to buy dishes."

   ....

   ....

2. "Do you know where the knives are?"
   "No, I don't know . . ."

   ....

   ....

3. "Does your mother like this tablecloth, Miss Peña?"
   "Yes, but she doesn't like the napkins."

   ....

   ....

G. *Unscramble the following words to form sentences.*

1. copas / le / mucho / estas / Raquel / gustan / a

   ....

2. pedirle / y / a / pimienta / mozo / voy / sal / al

   ....

3. Lima / abuelos / España / están / son / en / ahora / de /
   pero / mis /

   ....

Name ....

Section ....

Date ....

A. Complete the following sentences with possessive pronouns. (Each pronoun must agree with the subject.)

Modelo: **Ella** dice que los libros son ....
Ella *dice que los libros son* **suyos.**

1. **Elvira** dice que la tarjeta postal es ....

2. **María** dice que ese paquete es ....

3. **Yo** digo que esos sellos son ....

4. **Mis tíos** dicen que las estampillas son ....

5. **Tú** dices que el giro postal es ....

6. **Nosotros** decimos que la carta certificada es ....

7. **Uds.** dicen que las plumas son ....

8. **Mi sobrino** dice que el escritorio es ....

9. **Yo** digo que la botella es ....

10. **Nosotros** decimos que las sillas son ....

B. Complete the chart below.

English	Subject	Indirect Object Pronoun	Direct Object Pronoun	Verb
I give it to you.	**Yo**	**te**	**lo**	**doy.**
You give it to me.	Tú			
I give it to him.		se		
We give it to her.				damos
They give it to us.				
I give it to you. **(Ud.)**				
You give it to them.	Tú			

C. *Change the following sentences, using the model as a guide.*

Modelo: Te voy a traer la tiza.
 Voy a traértela.

1. Te puedo prestar el dinero.

   ....

2. ¿Me quieres mandar las cartas?

   ....

3. Le voy a llevar los periódicos.

   ....

4. Nos va a dar las tazas.

   ....

5. Les tiene que traer el helado.

   ....

D. *Complete the chart below.*

	Command	
Infinitive	Ud.	Uds.
preparar	prepare	preparen
caminar		
aprender	aprenda	aprendan
beber		
abrir	abra	abran
subir		
venir	venga	vengan
hacer		
dar	dé	den
estar		
empezar	empiece	empiecen
comenzar		
pedir		
contar		
ir	vaya	
ser		sean

E. *Rewrite the following sentences, using the command to replace the construction **deber** + infinitive.*

Modelo: Ud. no debe hacerlo.
 No lo haga.

52

1. Debe enviarlas hoy.

....

2. No deben retirarlos ahora.

....

3. Debe llamarnos más tarde.

....

4. Deben dejármela en la oficina de correos.

....

5. No debe dárselos a él.

....

6. Deben decírselo a sus padres.

....

F. *Complete the chart below, keeping in mind the ''formula'' used in Spanish to express how long something has been going on.*

English	Hace	Length of time	que	Subject	Verb in the Present Tense
I have been studying for three years.	**Hace**	**3 años**	**que**	**(yo)**	**estudio.**
You have been working for two days.				(tú)	
You have been traveling for a month.				(Ud.)	
She has been reading for four hours.					
He has been sleeping for six hours.					
You have been dancing for two hours.				(Uds.)	
They have been writing for two hours.					

G. *Answer the following questions about how long each action depicted below has been going on.*

1. ¿Cuánto tiempo hace que ella espera?

....

2. ¿Cuánto tiempo hace que él trabaja?

....

3. ¿Cuánto tiempo hace que ellas hablan?

....

4. ¿Cuánto tiempo hace que Uds. bailan?

....

5. ¿Cuánto tiempo hace que Ud. vive en esa casa?

....

H. *¿Cómo se dice... ?*

1. "Where is the subway station located?"
   "It's two blocks from here."
   "Do I continue straight ahead?"
   "No, turn left and walk towards Cuatro Caminos."

   ....

   ....

   ....

   ....

   ....

2. "Good afternoon. My name is Pedro Quesada. I'm here (I come) to claim a registered letter."
   "Go to (the) window number three."

   ....

   ....

   ....

3. "We want to send a telegram. Where is the telegraph office?"
   "Go down to the first floor."

   ....

   ....

   ....

4. "How long has he worked at the telegraph office?"
   "Two years."

   ....

   ....

5. "Are these stamps yours, Mr. Rivas?"
   "Yes, they are mine. Leave them right there, please."
   "The fact is . . . I need them."

   ....

   ....

   ....

   ....

   ....

I. Crucigrama (covering vocabulary from lecciones 7 and 8)

HORIZONTAL

3. En un restaurante, después de comer tenemos que pagar la _____ .
4. lista de platos en un restaurante
5. Vive en los Estados Unidos, pero no es norteamericano; es _____ .
7. El edificio queda en la esquina de las calles Siete y Magnolia.
9. Necesito un _____ para cortar (cut) el bistec.
10. momento
11. Bebo _____ de frutas.
12. El correo queda _____ a la estación.
14. por avión: por _____ aérea
16. No sabe que le vamos a dar una fiesta; es una _____ .
17. Quiero _____ de papas.
22. El mozo nos recomienda la _____ de la casa.
25. hacer lo posible
26. sabroso
28. opuesto de **sentado**
29. opuesto de **abajo**
32. cuchara pequeña
33. plato pequeño

VERTICAL

1. Voy a McDonald's para comer una _____ .
2. preparar: yo _____ .
6. ¿Necesita _____ más?
8. Los colores del _____ son rojo, amarillo y verde
13. buenísimo
14. antiguo
15. Necesito una _____ para tomar la sopa.
18. orden
19. frecuentemente: a _____
20. No quiero vino blanco; quiero vino _____ .
21. De _____ quiero torta helada.
23. dinero que dejamos para el mozo
24. Camine _____ aquí, por favor.
27. El edificio está a tres _____ de aquí.
30. El mozo _____ el pedido.
31. Ya podemos comer: la comida está _____ .

Check Your Progress (Lecciones 7 y 8)

Lección 7

A. *Write sentences using **ser** or **estar** and the elements given.*

1. yo / norteamericano ....

2. ¿Uds. / en el teatro? ....

3. el libro / de Juan ....

4. mi hijo / médico ....

5. ellos / estudiando ....

6. Ana / cansada ....

B. *Write the first-person singular of the following verbs.*

1. salir: yo .... 　 4. saber: yo ....

2. conocer: yo .... 　 5. hacer: yo ....

3. ver: yo .... 　 6. caber: yo ....

C. *Substitute the corresponding indirect object pronouns for the italicized words.*

1. Traigo el menú *para ellos:* ....

2. Envían el dinero *para ti:* ....

3. Compran la langosta *para mí:* ....

4. Escriben la carta *para él:* ....

5. Traen el café *para nosotros:* ....

D. *Give the Spanish equivalent of the following sentences.*

1. I know that she doesn't like those restaurants.

....

2. I'm going to ask him for money.

....

Lección 8

A. *Answer the following questions in the affirmative, substituting direct objects for the italicized words.*

1. ¿Me vas a traer *los libros?*

   ....

2. ¿Ellos te dan *el periódico?*

   ....

3. ¿Tú les envías *la tarjeta?*

   ....

4. ¿Ellos les dan *las estampillas* a Uds.?

   ....

B. *Give the following commands, using the cues in parentheses.*

1. No comprarlos.   (Uds.) ....

2. Decírselo.   (Ud.) ....

3. No ir al correo.   (Uds.) ....

4. Traérmelas.   (Ud.) ....

5. Dárselos.   (Uds.) ....

6. No mandárnoslas.   (Ud.) ....

C. *Give the Spanish equivalent of the following sentences.*

1. How long have you been living in Spain, Miss Peña?

   ....

2. These stamps are not mine, sir, they're yours.

   ....

3. Your suitcases are red; ours are green.

   ....

60

Lección 9

A. *Change each sentence, using the verb in parentheses.*

Modelo: Yo limpié la cocina ayer.   (barrer)
Yo **barrí** *la cocina ayer*.

1. ¿Tú planchaste el vestido?   (vender)

....

2. ¿Salieron Uds. temprano anoche?   (llegar)

....

3. Nosotros ya lo usamos.   (escribir)

....

4. Ella lo bañó.   (abrir)

....

5. Ellos no nos esperaron.   (recibir)

....

B. *Answer the following questions in the affirmative.*

1. ¿Fui yo?   (*use tú*)

....

2. ¿Fuiste a la peluquería?

....

3. ¿Me diste el espejo?

....

4. ¿Te dieron el regalo?

....

5. ¿Fueron Uds. a ver a mamá anoche?

....

6. ¿Me dieron Uds. la alfombra?

....

7. ¿Fuimos nosotros?

....

8. ¿Te dio él las revistas?

....

9. ¿Fue el barbero?

....

10. ¿Yo te di la escoba?

....

C. *Rewrite the following paragraph, changing the subject* **yo** *first to* **tú,** *then to* **él.**

Yo me despierto a las seis de la mañana y *me levanto* a las seis y cuarto. *Me baño, me afeito* y *me visto.* A las siete y media *me voy* a trabajar. *Trabajo* hasta las cinco, y luego *vuelvo* a casa. No *me preocupo* si llego tarde. *Leo* un rato y luego *como* con mi familia. Siempre *me acuesto* a las diez y media.

1. Tú ....

....

....

....

....

....

2. Él ....

....

....

....

....

....

D. *Form adverbs with the following adjectives.*

1. fácil: ....

62

2. rápido: ....

3. lento y claro: ....

4. alegre: ....

5. feliz: ....

E. *Write the Spanish equivalent of the words in parentheses.*

1. La peluquera me va a cortar .... (*my hair*)

2. .... es más importante que .... (*liberty/money*)

3. Ella dice que .... son más inteligentes que ....
   (*women/men*)

4. Ellas se van a poner .... (*their white dresses*)

5. Lávese ...., por favor. (*your hair*)

6. No me gusta ....; prefiero .... (*wine/soft drinks*)

F. *Unscramble the following words to form sentences.*

1. a / permanente / no / lacio / me / hacer / porque / de / está / la / voy / pelo / el / moda

   ....

2. aspiradora / chicos / alfombra / a / porque / la / le / la / ensuciaron / los / pasé / la

   ....

3. un / mucha / especial / porque / compré / tengo / champú / caspa

   ....

A. *Change the following sentences from the present to the preterit.*

1. Uds. *traen* la bolsa de dormir y la *ponen* en la tienda de campaña.

   ....

2. ¿Qué *haces* el sábado? ¿*Vienes* a la playa?

   ....

3. No *puedo* ir de vacaciones porque no *tengo* tiempo.

   ....

4. Elsa no *está* en la cabaña.

   ....

5. Nosotros no lo *sabemos*.

   ....

6. ¿Qué *dicen* ellos del salvavidas?

   ....

7. Ud. no *quiere* montar a caballo.

   ....

8. Rubén *conduce* en la autopista.

   ....

B. *Complete each sentence in column* **A**, *using the preterit of the appropriate verb in column* **B**.

A	**B**
1. Yo .... una trucha enorme.	a. llegar
2. Ellos no .... lo que les dije.	b. leer

3. Yo lo .... de la c. tocar
   biblioteca.

4. El salvavidas .... d. creer
   el periódico.

5. Yo .... el piano e. empezar
   anoche.

6. Yo .... al lago f. cazar
   temprano.

7. Yo ya .... la caña g. pagar
   de pescar.

8. Yo no b .... a tra- h. buscar
   bajar todavía.

9. Yo .... cien i. sacar
   dólares por la tienda de campaña.

10. Yo .... un tigre en j. pescar
    África.

C. *Change the following sentences, using the verbs in parentheses.*

   Modelo: Carlos comió la ensalada. (servir)
   Carlos sirvió la ensalada.

   1. Tuvo frío. (sentir)

      ....

   2. Estudiaron dos horas. (dormir)

      ....

   3. Me dio el traje de baño. (pedir)

      ....

   4. Escribió la pregunta. (repetir)

      ....

   5. Me enseñó. (mentir)

      ....

   6. Alquilaron la cabaña. (conseguir)

      ....

   7. Continuó nadando. (seguir)

      ....

8. Todos acamparon. (morir)

....

D. *Look at the pictures below and describe what is happening, using **por** or **para**.*

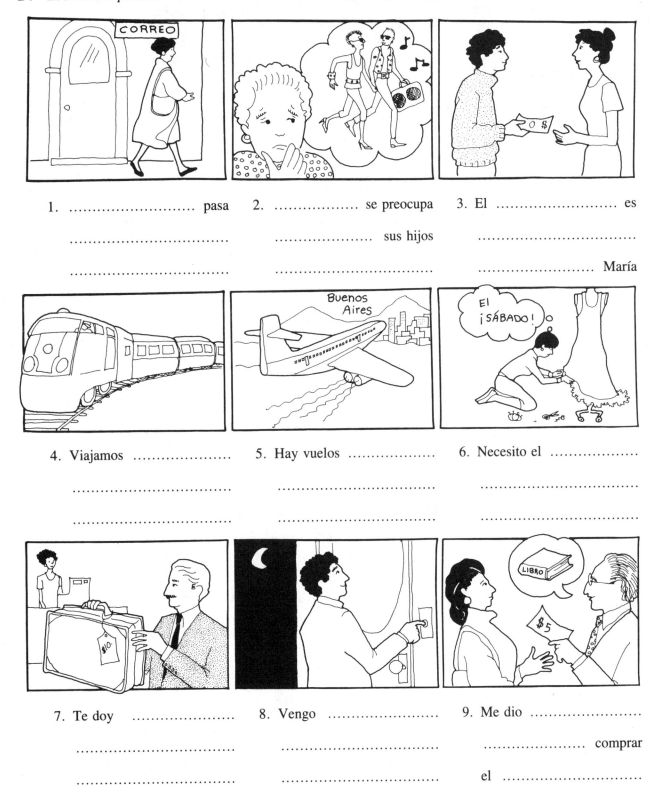

1. .... pasa

....

....

2. .... se preocupa

.... sus hijos

....

3. El .... es

....

.... María

4. Viajamos ....

....

....

5. Hay vuelos ....

....

....

6. Necesito el ....

....

....

7. Te doy ....

....

....

8. Vengo ....

....

....

9. Me dio ....

.... comprar

el ....

E. *Complete each sentence with either **por** or **para**, as appropriate. Indicate the reason for your choice by placing its corresponding number in the blank provided before the sentence.*

	*Uses of **por***		*Uses of **para***

*Uses of **por***

1. motion, *along*
2. cause or motive of an action
3. agency, means, manner, unit of measure
4. exchange
5. period of time during which an action takes place
6. *in search of*

*Uses of **para***

7. destination in space
8. direction in time
9. direction toward a recipient
10. *in order to*
11. comparison (by the standard of)
12. objective or goal

... 1. Tenemos una sorpresa .... Elena.

... 2. Pagamos cuatro dólares .... la pluma.

... 3. Las chicas caminan .... la playa.

... 4. .... un español, habla muy bien el inglés.

... 5. El mozo fue a la cocina .... el pavo relleno y el lechón.

... 6. Mañana te llamo .... teléfono.

... 7. Necesitamos la cabaña .... el sábado.

... 8. Tengo que comprar la caña de pescar .... ir de pesca.

... 9. Ese traje de baño es .... mi sobrina.

... 10. Carlos estudia .... ingeniero.

... 11. No pudimos dormir afuera .... la lluvia.

... 12. Mañana .... la mañana vamos a montar en bicicleta.

F. *¿Cómo se dice... ?*

1. "We are going to camp near the lake."
   "I suppose you're going to swim . . ."
   "Yes, we're planning (on) taking our swimming suits."

....

....

....

....

2. "We're going to have a good time this weekend."
"Yes. Are we going to rent a tent?"
"No, I have one."
"Of course! But we only have three days . . ."

....

....

....

....

3. "I'm leaving for Mexico tomorrow."
"Great. Are you going by plane?"
"Yes, and I'm going to be there for a month."

....

....

....

Crucigrama (covering vocabulary from lecciones 9 and 10)

HORIZONTAL

3. Tiene el _____ rubio.
4. salón de belleza
6. La uso para barrer.
8. El _____ me afeita en la barbería.
10. Tengo el pelo lacio. Necesito una _____ .
11. *Time* es una _____ muy buena.
13. sentarse: Yo me _____ .
14. opuesto de **limpiar**
15. Para acampar necesito la tienda de _____ .

17. Fuimos de _____ a la montaña.
20. Pesqué una _____ enorme.
22. Deseo corte, lavado y _____ .
23. El Amazonas es un _____ .
25. El tiempo estuvo _____ .
28. No podemos _____ porque no hay nieve.
29. Compré una _____ de pescar.
30. opuesto de **afuera**

VERTICAL

1. Necesito una _____ de dormir.
2. opuesto de **feo**
3. Nadamos en la _____ .
5. El Sahara es un _____ .
7. vestirse: Nosotros nos _____ .
9. Lo necesito para peinarme.
12. Le paso la _____ a la alfombra.
15. lado
16. Todos _____ a caballo.
18. Voy a _____ la cabeza. Necesito el champú.

19. Tiene siete días.
21. Nosotros _____ en la cocina.
24. No tiene el pelo lacio. Tiene _____ .
25. Necesito la _____ de afeitar.
26. *Head and Shoulders* es un champú para la _____ .
27. opuesto de **corto**
31. Voy a pedir _____ en la peluquería para el sábado.

Check Your Progress

Lección 9

A. *Write the following sentences in the preterit.*

1. Voy con él. ....

2. Me lo da. ....

3. Te esperan. ....

4. Barremos la cocina. ....

5. Es mi profesor. ....

6. No me escriben. ....

B. *Complete the following sentences with the present indicative of the verbs in parentheses.*

1. Nosotros no .... (acordarse)   de eso.

2. Ellos .... (cortarse)   el pelo aquí.

3. ¿A qué hora .... (levantarse)   tú?

4. Yo .... (vestirse)   en mi cuarto.

5. Jorge .... (acostarse)   tarde.

C. *Give the Spanish equivalent of the following sentences.*

1. The girls want to put on their red dresses.

....

2. I spoke slowly and clearly but they didn't understand me.

....

3. I don't like wine.

....

Lección 10

A. *Change the following sentences to the preterit.*

1. Ellos te mienten. ....

2. Nosotros estamos allí. ....

3. Ellos duermen bien. ....

73

4. Él no puede ir. ....

5. ¿Qué dicen? ....

6. Yo lo busco. ....

7. Empiezo a las dos. ....

8. Llego temprano. ....

9. Ellos no lo leen. ....

10. ¿Quién lo hace? ....

11. No lo sabe. ....

12. Lo traen. ....

B. *Complete the following sentences, using **por** or **para**.*

1. Necesito el dinero .... mañana .... la tarde .... comprar el pasaje

   .... Jorge.

2. Pagamos diez dólares .... el libro.

3. Paso .... ti a las nueve porque tenemos que estar allí .... dos horas.

4. Mañana salgo .... México; voy .... avión.

5. Ana estudia .... ingeniera.

C. *Give the Spanish equivalent of the following sentences.*

1. Where did you put the sleeping bag, dear? I looked for it but I didn't find it.

   ....

   ....

2. Yesterday she had to buy a swimsuit.

   ....

Lección 11

Name ....

Section ....

Date ....

A. *Complete the following chart.*

Infinitivo	yo	tú	Ud., él ella	nosotros	Uds., ellos ellas
prestar					
	terminaba				
		devolvías			
			nadaba		
				leíamos	
					salían

B. *Complete the following sentences according to each new subject.*

Cuando yo era niño, iba a la playa y la veía.

1. Cuando tú .... niño, ... a la playa y la ....

2. Cuando Luis .... niño, ... a la playa y la ....

3. Cuando él y yo .... niños, ... a la playa y la ....

4. Cuando ellos .... niños, ... a la playa y la ....

C. *Provide the questions that elicit each statement as a response, using* **qué** *or* **cuál**, *as needed.*

1. ....

   Mi apellido es Rodríguez.

2. ....

   Mi número de teléfono es 329-7459.

3. ....

   Un requisito es una asignatura que todos los estudiantes tienen que tomar.

4. ....

   Una enchilada es una comida típica mexicana.

5. ....

   Mi dirección es Magnolia 432, Riverside.

6. ....

   Mi especialización es matemáticas.

D. *Complete the following sentences with que, quien, or quienes, as appropriate.*

1. El profesor .... llamó ayer es mi consejero.

2. La asignatura .... más me gusta es la sicología.

3. Los chicos de .... te hablé juegan al fútbol.

4. Las chicas .... estaban en la biblioteca son cubanas.

5. El muchacho con .... estudia Perla se llama José Luis.

E. *Complete the following chart.*

English	Hacía	Length of Time	que	Subject	Imperfect
I had been reading for two hours.	Hacía	dos horas	que	yo	leía.
We had been working for a year.		un año			
You had been studying for three weeks.				tú	
They hadn't eaten for two days.					no comían
He hadn't written for three months.		tres meses			

F. *¿Cómo se dice... ?*

1. "Did you and Lupe use to go to the football games?"
   "Yes, we used to go every Sunday."

   ....

   ....

2. "What is your major? History?"
   "No, sociology."

   ....

   ....

3. "Dr. Torres is the professor who teaches literature, right?"
   "I think so, but I'm not sure."

   ....

   ....

4. "How long had you and Carmen been studying when I arrived?"
   "Two hours."

   ....

   ....

G. *Unscramble the following words to form sentences.*

   1. posible / es / lo / hacerlo / preferible / antes

   ....

   2. física / hacía / estudiábamos / semestres / que / dos / educación

   ....

   ....

   3. difíciles / tomé / materias / que / las / trimestre / el / eran / pasado / muy

   ....

   ....

Lección 12

Name ....

Section ....

Date ....

A. *Fill in the blanks with the preterit or the imperfect of the verb in parentheses.*

1. Yo (ir) .... a la sala de emergencia anoche. (*simply recording an act and disregarding duration*)

2. Yo (ir) .... a la sala de emergencia cuando (ver) .... a José. (*describing an action in progress at a certain time in the past when another event took place*)

3. Ayer ella (tener) .... mucho dolor de cabeza. (*summing up a condition viewed as a whole*)

4. Ella (tener) .... dolor de cabeza. (*describing a condition in the past*)

5. El doctor (visitar) .... al paciente el sábado pasado. (*recording an act as a completed whole*)

6. El doctor (visitar) .... al paciente todos los sábados. (*indicating a habitual action*)

7. Susana (decir) .... que le (doler) .... el estómago. (**decir:** *recording act viewed as a whole;* **doler:** *indirect discourse*)

8. (Ser) .... las nueve de la noche cuando lo (atropellar) .... el coche. (**ser:** *time in the past;* **atropellar:** *reporting an act viewed as a whole*)

B. *Complete each sentence with the preterit or the imperfect of the verb in parentheses.*

1. Nosotros los (conocer) .... ayer. (*met*)

2. Yo no (conocer) .... a ese doctor. (*knew*)

3. Ellas lo (saber) .... anoche. (*found out*)

4. Tú ya lo (saber) .... (*knew*)

5. Yo (poder) .... ir con él. (*managed*)

6. Ellos (poder) .... comprarlo. (*had the ability or chance*)

7. Mi mamá no (querer) .... venir. (*refused*)

8. Él no (querer) .... venir, pero... .(*didn't want to*)

C. *¿Qué estaban haciendo estas personas?*

1. Yo ....

....

....

2. Eva ....

....

....

3. Nosotras ....

....

....

....

4. Tú ....

....

....

....

80

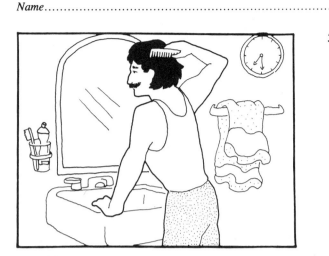

5. Ud.. ....

....

....

6. Paco, Luis y Ana ....

....

....

D. *Translate each sentence, using both Spanish equivalents of* ago.

Modelo: He came two hours ago.
Hace *dos horas* **que** *vino.*
Vino **hace** *dos horas.*

1. We started three days ago.

....

....

2. They finished the test twenty minutes ago.

....

....

3. I broke my arm two months ago.

....

....

4. They gave me a tetanus shot two years ago.

....

....

E. *What is the weather like? Answer in complete sentences below.*

1. .... y ....

2. .... y ....

3. .... y ....

4. ....

F. *¿Cómo se dice... ?*

1. "Are these people allergic to any medicine?"
   "No, but two of them are diabetics and one has heart trouble."

....

....

2. "I have dizzy spells."
   "Are you sick?"
   "No, but I think I'm pregnant."

....

....

....

3. "Did you know Dr. Vera's wife, Miss Peña?"
   "Yes, I met her two months ago."

   ....

   ....

4. "How are you feeling?"
   "My chest, my back, and my neck hurt a lot."
   "Did you see the doctor?"
   "Yes, I went to his office this morning."

   ....

   ....

   ....

   ....

5. "When was the last time they gave you a tetanus shot?"
   "Last year, when I cut my toe."

   ....

   ....

G. *Supply the missing words. The letters in the center column will form a Spanish proverb. Write the proverb on the line provided below.*

1. Trabaja con un médico; es ____ .

2. Soy ____ a la penicilina.

3. Yo me ____ el brazo ayer.

4. El opuesto de **ensuciar** es ____ .

5. Voy a desinfectarle la ____ .

6. Lo llevaron al hospital en una ____ .

7. La van a ____ de apendicitis.

8. Está en el consultorio del ____ .

9. Tuvo un ____; lo llevaron al hospital.

10. Mi abuelo ____ del corazón.

11. Veo con los ____ .

12. ____ equis.

13. Tengo ____ de cabeza.

Proverbio: .... Section.................... Date....................................

H. *This is Julia. Name the parts of her face that correspond to the numbers below.*

1. ....
2. ....
3. ....
4. ....

5. ....
6. ....
7. ....
8. ....

I. *Crucigrama (covering the vocabulary from lecciones 11 and 12)*

HORIZONTAL

1. _____ siempre, le pagué a la cajera.
3. Trabajo mucho y no tengo _____ para practicar.
7. ¿Tienes *Pepto Bismal?* Me duele el _____ .
8. El médico le va a _____ la herida.
11. No asiste a la escuela primaria; asiste a la escuela _____ .
13. El pie es parte de la _____ .
14. ¿La operaron de apendicitis _____vez?
15. Me duele la cabeza. Voy a tomar una _____ .
20. Los usamos para caminar.

21. Tuvo un accidente y lo trajeron al hospital en una _____ .
22. No puedo caminar porque me duele la _____ .
24. La química no es fácil; es muy _____ .
28. Mi _____ en la clase de contabilidad es «A».
30. Necesito una _____ de 3 × 5.
31. IBM y Apple venden _____ .
32. opuesto de **después**
33. _____ quiere decir *homework*.
34. Voy a planear mi programa de _____ con mi consejero.
35. Llueve muchísimo; llueve a _____ .

VERTICAL

2. Es rubia y tiene _____ azules.
4. La diabetes es una _____ .
5. Entre los ojos y la boca está la _____ .
6. Ella es _____ a la penicilina.
9. Para calcular eso necesito la _____ .
10. Es una calle de dos _____ .
12. verbo: recetar; nombre: _____
16. Lo llevaron a la sala de rayos X para hacerle una _____ .

17. Los ojos, la nariz y la boca están en la _____ .
18. Usamos la _____ para hablar.
19. dinero que pagamos para asistir a la universidad
23. Tenemos diez en las manos.
25. ¿Cómo se dice *together* en español?
26. nombre: enfermedad; adjetivo: _____
27. Tenemos treinta y dos en la boca.
29. dar

Check Your Progress   (Lecciones 11 y 12)

Lección 11

A. *Complete the following sentences with the imperfect of the verbs in parentheses.*

1. Cuando nosotros .... (ser) niños, ... (ir) a la playa todos

   los veranos.

2. Luis .... (ir) a la casa de sus abuelos pero nunca .... (ver)

   a su abuela .

3. Yo siempre .... (salir) temprano; .... (visitar) a mis padres

   y .... (comer) con ellos.

B. *Answer the following questions with complete sentences.*

1. ¿Dónde vivías tú cuando eras niño(-a)?

   ....

2. ¿Cuánto tiempo hacía que vivías en esta ciudad cuando empezaste a estudiar en la universidad?

   ....

   ....

C. *Give the Spanish equivalent of the following sentences.*

1. What is your address? What is your phone number?

   ....

2. The man who came yesterday is my chemistry teacher.

   ....

3. This is the lady for whom we brought the dictionary.

   ....

Lección 12

A. *Complete the following sentences with the imperfect or the preterit of the verbs in parentheses.*

1. Yo no .... (saber) que nosotros .... (tener) un examen hoy. Lo

   .... (saber) esta mañana.

2. Cuando Eva .... (ser) niña, siempre .... (venir) a nuestra casa y

.... (estudiar) con nosotros.

3. ¿Por qué no .... (ir) tú a la fiesta de Oscar anoche? Yo no ....

(querer) ir, pero .... (tener) que ir para llevar a Marta.

4. .... (Ser) las cinco de la tarde cuando yo .... (llegar) a casa ayer.

5. Ellos no .... (conocer) a mi esposo. Lo .... (conocer) ayer.

B. *Answer the following sentences with complete sentences.*

1. ¿Cuánto tiempo hace que Ud. empezó a estudiar español?

....

2. ¿Qué estaba haciendo Ud. cuando yo llegué a la clase?

....

3. ¿Qué tiempo hace hoy?

....

C. *Give the Spanish equivalent of the following sentences.*

1. A car ran him over three days ago.

....

2. It was very cold but it was not snowing.

....

Name ....

Section ....

Date ....

A. *Give the Spanish equivalents of the following past participles.*

1. brought ....
2. covered ....
3. done ....
4. opened ....
5. used ....
6. said ....
7. written ....
8. eaten ....
9. returned ....

10. died ....
11. wrapped ....
12. broken ....
13. gone ....
14. changed ....
15. seen ....
16. received ....
17. read ....
18. put ....

B. *Change each sentence to the present perfect, then to the pluperfect.*

1. Vamos de compras.

....

....

2. Compro la chaqueta.

....

....

3. Lo ponen en el ropero.

....

....

4. ¿Comes algo?

....

....

89

5. Se queda en la planta baja.

....

....

6. Salimos al mismo tiempo.

....

....

7. Abren el probador.

....

....

8. Me dices que sí.

....

....

C. *Complete each sentence according to the corresponding picture.*

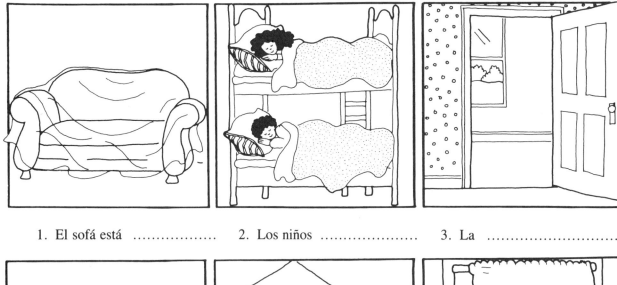

1. El sofá está ....   2. Los niños ....   3. La ....

4. Los............................   5. La carta ....   6. La ....
en español.

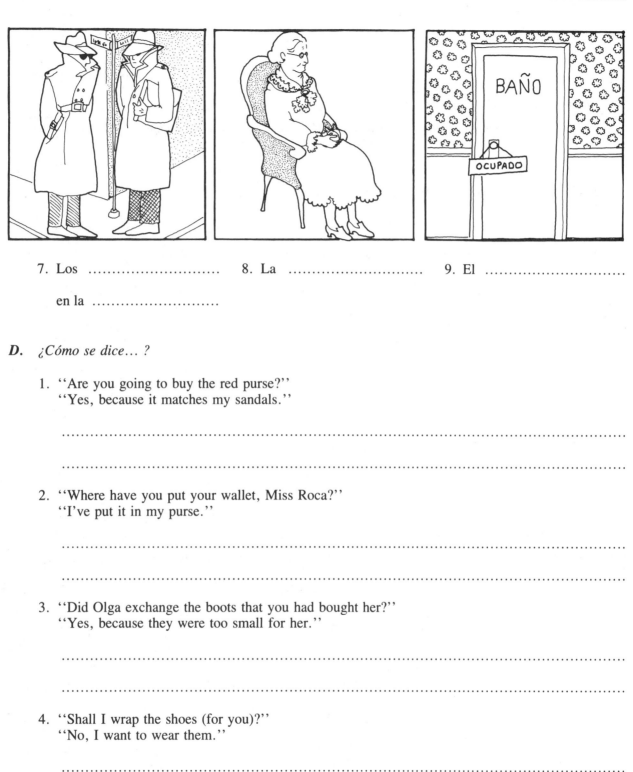

7. Los .... 8. La .... 9. El ....

en la ....

D. *¿Cómo se dice... ?*

1. "Are you going to buy the red purse?"
   "Yes, because it matches my sandals."

   ....

   ....

2. "Where have you put your wallet, Miss Roca?"
   "I've put it in my purse."

   ....

   ....

3. "Did Olga exchange the boots that you had bought her?"
   "Yes, because they were too small for her."

   ....

   ....

4. "Shall I wrap the shoes (for you)?"
   "No, I want to wear them."

   ....

   ....

5. "Do you want to go shopping, Anita?"
   "Yes, because I have nothing to wear."

   ....

   ....

91

6. "Do you want to have something to eat?"
   "Yes, we are starving!"

   ....

   ....

E. *Unscramble the following words to form sentences.*

1. en / compré / caballeros / camisa / de / ropa / la / el / para / departamento

   ....

2. de / zapatería / habían / para / la / ido / comprar / par / un / a / zapatos

   ....

3. piso / departamento / señoras / el / de / para / ropa / en / está / segundo / el

   ....

Lección 14

Name ....

Section ....

Date ....

A. *Complete the chart below by writing the corresponding future forms of the following verbs.*

Infinitive	yo	tú	Ud., él, ella	nosotros	Uds., ellos ellas
revis**ar**					
dec**ir**	diré				
hac**er**		harás			
quer**er**			querrá		
sab**er**				sabremos	
pod**er**					podrán
cab**er**	cabré				
pon**er**		pondrás			
ven**ir**			vendrá		
ten**er**				tendremos	
sal**ir**					saldrán
val**er**	valdré				
ir		irás			
ser			será		

B. *Answer the questions below, substituting the words provided and following the model.*

Modelo: ¿Cuándo arreglarán el coche?   (la semana próxima)
     Lo arreglaremos la semana próxima.

1. ¿Cuándo me cambiarán el aceite?   (mañana)

   ....

2. ¿Cuándo instalarán el filtro?   (el sábado)

   ....

3. ¿Cuándo lo sabré?   (esta noche)

   ....

93

4. ¿Cuándo podrá venir el dependiente?   (esta tarde)

....

5. ¿Dónde pondrás el agua?   (en la batería)

....

6. ¿Con quién vendrás al taller?   (con David)

....

7. ¿Qué nos traerán Uds.?   (un silenciador)

....

8. ¿Qué tendremos que hacer él y yo?   (arreglarlo)

....

C.   *Give the Spanish equivalents of the following sentences, using the future of probability.*

Modelos: Who do you suppose she is?
   ¿Quién será ella?

   I wonder how much money he has.
   ¿Cuánto dinero tendrá él?

1. *I wonder* what time it *is.*

....

2. Where *do you suppose* the license *is?*

....

3. *I wonder if* the motor *is working.*

....

4. What *do you suppose* Mary *is doing?*

....

5. *I wonder if* the tank *is empty.*

....

D.   *Answer the questions below, following the model and substituting the words provided.*

Modelo: ¿Qué dijo él?   (venir)
   Dijo que vendría.

1. ¿Qué dijeron ellos?   (ir)

....

2. ¿Qué dije yo?   (hacerlo)

....

3. ¿Qué dijiste tú?   (salir)

....

4. ¿Qué dijimos Ana y yo?   (parar aquí)

....

5. ¿Qué dijeron Uds.?   (ponerlo allí)

....

6. ¿Qué dijo ella?   (llenar el tanque)

....

7. ¿Qué dijo Ud.?   (no decirlo)

....

8. ¿Qué dijiste?   (tener que arreglar los frenos)

....

9. ¿Qué dijeron Uds.?   (ellos no caber)

....

10. ¿Qué dijo él?   (el coche valer mucho)

....

E. *¿Cómo se dice... ?*

1. "Gee! Where do you suppose there is a service station?"
   "There must be one near here . . ."

....

....

2. "What is the speed limit on the highway?"
   "Ninety kilometers."
   "You're going too fast. They're going to give you a ticket."

....

....

....

....

3. "What do you suppose happened to Roberto last night?"
   "He probably had a flat tire."

   ....

   ....

4. "What did the mechanic say?"
   "He said he would check the carburetor."

   ....

   ....

F. *Crucigrama (covering vocabulary from lecciones 13 and 14)*

HORIZONTAL

3. Quiere decir *almost*.
4. Los zapatos no me quedan bien. Me _____ mucho.
8. opuesto de **cerrada**
9. No quiero un vestido. Quiero una falda y una _____ .
11. Voy a subir por la _____ mecánica.
14. No apagué las _____ del coche.
16. llanta, goma

19. Compro _____ en la estación de servicio.
20. El coche no arranca; lo van a _____ .
21. opuesto de **vacío**
24. El coche no funciona. Está _____ .
27. ¿Usa talla grande, pequeña o _____ ?
28. No puedo comprarle zapatos porque no sé qué número _____ .
30. Todo está más barato porque la tienda tiene una _____ .

VERTICAL

1. estilo
2. Fui a la tienda para comprar _____ interior.
3. Los hombres no usan pantimedias; usan _____ .
5. Compré un traje con dos _____ .
6. El motor está haciendo un _____ muy extraño.
7. Ellos van _____ a San José.
9. Necesito una _____ de agua nueva.
10. En México lo llaman «cajuela.»
12. bolsa
13. talla

15. batería
17. Los mapas están en el _____ del coche.
18. Necesito _____ . No tengo nada que ponerme.
22. Necesito la _____ para conducir.
23. Según este _____ estamos a veinte millas de la capital.
25. parquear
26. La velocidad es de cincuenta y cinco _____ por hora.
29. Los usamos en las manos cuando tenemos frío.

Check Your Progress (Lecciones 13 y 14)

Lección 13

A. *Change the verbs in the following sentences to the present perfect tense.*

1. Yo no la abro. ....

2. Ellos se van. ....

3. ¿Él te lo dice? ....

4. No estudias. ....

5. No hacemos nada. ....

B. *Change the verbs in the following sentences to the past perfect tense.*

1. No lo envolvieron todavía. ....

2. ¿Tú ya comiste? ....

3. Lo escribió en francés. ....

4. La puse en el ropero. ....

5. No lo rompimos. ....

C. *Give the Spanish equivalent of the following sentences.*

1. He said that the letters were written in Italian.

....

2. She has put the broken dishes on the table.

....

3. The door was closed but the windows were open.

....

Lección 14

A. *Change the following sentences, using the future tense.*

1. No voy a hacerlo. ....

2. Vamos a decírselo. ....

3. ¿Vas a ir con él? ....

4. Nora no va a poder ir. ....

B. *Tell what these people would do in the following cases.*

1. El coche de Olga no funciona.

   ....

2. El tanque de tu coche está vacío.

   ....

3. A mí me duele la cabeza.

   ....

4. Uds. tienen un examen mañana.

   ....

5. Las chicas no tienen nada que ponerse.

   ....

C. *Give the Spanish equivalent of the following sentences, using the future or the conditional to express probability.*

1. I wonder how much a battery costs.

   ....

2. Who do you suppose fixed her car?

   ....

A. *Answer the following questions in the affirmative.*

Modelo: ¿Ya habrás terminado la blusa para el lunes?
Sí, ya habré terminado la blusa para el lunes.

1. ¿Ya te habrás levantado para las seis?

   ....

   ....

2. ¿Ya habrá terminado la liquidación para el sábado?

   ....

   ....

3. ¿Ya habrás lavado las verduras para las cuatro?

   ....

   ....

4. ¿Ya se habrá vestido Anita para las siete?

   ....

   ....

5. ¿Ya se habrán despertado los niños para las ocho?

   ....

   ....

6. ¿Ya se habrán terminado las clases para mayo?

   ....

   ....

B. *Complete the chart below.*

English	Subject	Conditional **haber**	Past Participle
I would have gone.	**Yo**	**habría**	**ido.**
You would have closed.	Tú		
He would have come.			venido.
She would have worked.	Ella		
We would have won.		habríamos	
I would have written down.			anotado.
They would have played.			jugado.
I would have danced.		habría	
You would have opened.	Tú		
He would have written.		habría	
She would have said.	Ella		
We would have eaten.		habríamos	
They would have returned.			

C. *Describe what is happening in the pictures below, using the reciprocal reflexive construction.*

1. Ellos ....

....

....

2. Nosotros ....

....

....

3. Uds. ....

....

....

4. Ana y Juan ....

....

....

D. *¿Cómo se dice... ?*

1. "How does one get out of this building after six o'clock?"
   "Through that door (over there)."

   ....

   ....

   ....

2. "Anita wanted to buy tickets for the concert."
   "Had I known, I would have bought them for her."

   ....

   ....

3. "I can go to the supermarket with you. I'll be home at ten o'clock."
   "By then it will have closed."

   ....

   ....

   ....

4. "Do you see each other very often?"
   "No, but we call each other every Sunday."

   ....

   ....

E. *Unscramble the following words to form sentences.*

1. Estados / se / inglés / en / Unidos / los / habla

   ....

2. muy / ponerse / gorda / quiere / a / porque / dieta / está

   ....

3. esperarte / pero / quisimos / nosotros / antes / habríamos / ido

   ....

Name ....

Section ....

Date ....

A. *Complete the verb chart below as a review of the present subjunctive.*

Infinitive	yo	tú	Ud., él, ella	nosotros	Uds., ellos, ellas
cobrar	cobre	cobres	cobre	cobremos	cobren
estudiar					
deber	deba	debas	deba	debamos	deban
beber					
abrir	abra	abras	abra	abramos	abran
recibir					
hacer	haga				
decir		digas			
entender			entienda		
volver				volvamos	
sugerir					sugieran
dormir				durmamos	
mentir					mientan
buscar	busque				
pescar					
dar		des			
estar			esté		
ir				vayamos	
ser					sean
saber	sepa				

B. *Complete the chart below.*

English	Subject	Verb	que	Subject of Subordinate Clause	Verb in the Subjunctive
He wants me to speak.	Él	quiere	que	yo	hable.
I want you to learn.				tú	
You want him to go out.	Tú				
She wants us to drink.					bebamos.

105

English	Subject	Verb	que	Subject of Subordinate Clause	Verb in the Subjunctive
We want her to come.				ella	
You want them to understand.	Uds.				
They want you to remember.				Uds.	
You want us to study.	Uds.				
They want us to write.					escribamos.
He wants us to lie.	Él				
I want you to walk.				tú	
They want you to come in.				Uds.	
She wants him to work.					
We want them to go.					

C. *Rewrite each sentence, substituting the words provided. Follow the model.*

Modelo: Ella deposita el dinero en su cuenta corriente.
Quiero que ella ....
Quiero que ella deposite el dinero en su cuenta corriente.

1. Él fecha el modelo de depósito.

   Dígale a él que ....

2. Nosotros le damos el resto.

   Ellos desean que ....

3. Tú pagas en efectivo.

   Ellos sugieren que ....

4. Ella va al Banco Nacional.

   Nosotros le vamos a pedir que ....

5. Ellos lo dejan por un período de seis meses.

   Yo quiero que ellos ....

6. Yo lleno la solicitud.

   El empleado necesita que yo ....

7. Elsa viene en cualquier momento.

   Dígale a Elsa que ....

8. Nosotros traemos por lo menos cien dólares.

   Él sugiere que nosotros ....

9. Yo hago los pagos.

Uds. quieren que yo ....

10. Ella está en la sucursal del Banco de América.

Uds. quieren que ella ....

11. El saldo es de menos de quinientos dólares.

Quiere que ....

12. Yo sé qué tipo de cuenta es.

Ella quiere que yo ....

D. *Complete each of the following sentences, using **sino** or **pero**, according to what each picture suggests.*

1. No vino con la madre ....

....

....

2. No era enfermera ....

....

....

3. Tiene ....

.... necesita ....

....

4. Habla ....

....

no habla ....

5. No fue a la zapatería ....

....

....

6. Hay ....

.... no hay naranjas.

E. *¿Cómo se dice… ?*

1. "I hope that you have your checkbook."
   "No, I didn't bring it."

   ....

   ....

2. "I don't have the account number."
   "It doesn't matter. I'm going to look it up."

   ....

   ....

3. "I don't want to open a checking account but a savings account."
   "Do you want a joint account?"
   "Yes, please."

   ....

   ....

   ....

4. "What does she want you to do, Mr. Rojas?"
   "She wants me to sign the contract tomorrow morning."

   ....

   ....

F. *Crucigrama (covering vocabulary from lecciones 15 and 16)*

HORIZONTAL

4. fruta cítrica
6. Eva le dio una a Adán.
10. El *Oscar* es uno.
11. La vemos en el cine.
12. dinero que se debe por una casa
14. Lo comemos especialmente cuando estamos a dieta.
15. Debo mucho dinero; tengo muchas _____ .
20. % = por _____
22. por año
23. Mi esposa y yo queremos abrir una cuenta _____ .
25. Pone los papeles importantes en una caja de _____ .
27. Firme aquí; necesitamos su _____ .
28. escribir la fecha
31. fruta grande, verde, con centro rojo
32. Tengo un _____ de cien. Quiero dos de cincuenta.
34. ¿Tienes el _____ de cheques?
36. Necesitamos _____ higiénico para el baño.
37. ponemos en el banco
39. No hay clases porque es _____ .
40. fruta cítrica más grande que la naranja
41. En México los llaman «blanquillos.»
42. Disneylandia es un _____ de diversiones.

VERTICAL

1. Tengo una _____ con Roberto; vamos a ir al cine.
2. En México la llaman «bote.»
3. opuesto de **perder**
5. Voy a la tienda para hacer _____ .
7. vegetal favorito de Bugs Bunny
8. Esta fruta es muy abundante en Hawaii.
9. durazno
13. Si no tengo dinero puedo solicitar uno en el banco.
16. Lo como con mantequilla.
17. da una idea
18. propiedad personal
19. por mes
20. No pagan a plazos; pagan al _____ .
21. *customer,* en español
23. Puedo pagar con un cheque porque tengo una cuenta _____ .
24. Lo uso en el café.
26. No cuestan nada; son _____ .
29. documento que muestra que se ha pagado
30. Le pongo aceite y _____ a la ensalada.
33. cuesta
35. No es mantequilla; es _____ .
38. Ahorro dinero; tengo una cuenta de _____ .

Check Your Progress (Lecciones 15 y 16)

Lección 15

A. *Complete the following sentences in an original manner, telling what each subject will have done by a certain time.*

1. Para las cinco yo ya ....

2. Para junio nosotros ya ....

3. Para el verano mis padres ya ....

4. Para el viernes la profesora ya ....

5. Para el año que viene tú ya ....

B. *Complete the following sentences with the conditional perfect of the verbs in parentheses.*

1. Yo no .... (salir) con él.

2. Nosotros no .... (pagar) cien dólares por esos zapatos.

3. Tú no se lo .... (decir).

4. Anita lo .... (hacer) en seguida.

5. ¿Ellos te lo .... (traer)?

C. *Give the Spanish equivalent of the following sentences.*

1. They used to call each other very often.

   ....

2. The library opens at eight A.M. and closes at ten P.M.

   ....

   ....

Lección 16

A. *Complete the following sentences with the present subjunctive or the infinitive, as needed.*

1. Temo que ellos no nos .... (dar) el préstamo.

2. Siento no .... (poder) ir contigo.

3. Ellos quieren que yo .... (abrir) una cuenta de ahorros, pero yo quiero

   ....(abrir) una cuenta corriente.

111

4. Me alegro de .... (estar) aquí hoy.

5. Mamá nos aconseja que .... (ir) temprano.

6. Yo te sugiero que .... (firmar) el contrato.

7. Ellos quieren que Ana .... (estar) aquí por un mes, pero ella quiere

.... (irse) antes.

8. Espero que Uds. .... (saber) el número de su cuenta.

B. *Complete the following sentences with* **sino** *or* **pero.**

1. Tiene dinero .... no lo gasta.

2. Ella no es profesora .... consejera.

3. No fueron a Lima .... a Buenos Aires.

4. Dice que lo ha hecho .... no es verdad.

5. No lo pagué al contado .... a plazos.

C. *Give the Spanish equivalent of the following sentences.*

1. What do you want me to do, dear?

....

2. I hope that they can open a joint account.

....

3. The payments are not yearly but monthly.

....

Name ....

Section ....

Date ....

A. *Complete each sentence by supplying either the present subjunctive or the present indicative form of the verb.*

1. Creemos que ellos (estar) .... en el coche-comedor.

2. No dudo que él (venir) .... en ese tren.

3. Niego que Rosa (ser) .... la peor estudiante de español.

4. Es verdad que ellos siempre (llegar) .... tarde.

5. No estoy seguro de que el tren (tener) .... coche-cama.

6. Es cierto que el coche (ser) .... de cambios mecánicos.

7. No es cierto que ella (gastar) .... todo el dinero.

8. No creemos que ellos (conseguir) .... el descuento.

9. No es verdad que nosotros (tener) .... los boletos.

10. Dudo que ellos (levantarse) .... a las cuatro de la mañana.

11. No niego que la litera (ser) .... cómoda.

12. Estoy seguro de que nosotros (necesitar) .... la licencia para conducir.

B. *Change the following sentences to the subjunctive, using the impersonal expressions provided.*

Modelo: Ellos van a Sevilla. (Es difícil)
        Es difícil que ellos vayan a Sevilla.

1. Nosotros nos levantamos temprano.

   Es difícil ....

2. No hay literas bajas.

   Es probable ....

3. Pedimos un descuento.

   Más vale ....

4. Ellos compran los boletos.

   Es necesario ....

5. Los chicos no pueden tomar el rápido.

   Es lástima ....

6. Tú viajas en el coche-cama.

   Es preferible ....

7. Uds. tienen el permiso.

   Es importante ....

8. Yo tengo que trasbordar dos veces.

   Es increíble ....

9. Ellos están haciendo cola.

   Puede ser ....

10. David llega a tiempo.

    Ojalá ....

11. Ellos van también.

    Es posible ....

12. Vamos al despacho de boletos.

    Conviene ....

C. *Translate the following sentences into Spanish, using the verbs in the indicative if the impersonal expressions imply certainty or the infinitive if the sentences are completely impersonal.*

Modelos: It is certain that she is here. (*Implies certainty*)
   Es seguro que ella está aqui. (Indicative)

   It is necessary to buy it. (*Sentence completely impersonal*)
   Es necesario comprarlo. (Infinitive)

1. It is true that she bought a compact car.

   ....

2. It is better to make reservations.

   ....

3. It is a pity not to be insured.

   ....

4. It is necessary to obtain a permit.

....

5. It is certain that I need a driver's license.

....

D. *Answer each of the following questions with the first-person plural command.*

Modelo: ¿Vamos a almorzar?
          Sí, almorcemos ahora.

1. ¿Vamos a comer?

....

2. ¿Vamos a salir?

....

3. ¿Vamos a escribirlo?

....

4. ¿Vamos a sentarnos?

....

5. ¿Vamos a reservarlos?

....

6. ¿Vamos a ir?

....

7. ¿Vamos a visitarla?

....

8. ¿Vamos a decírselo?

....

9. ¿Vamos a hacerlo?

....

10. ¿Vamos a cenar?

....

E. *¿Cómo se dice... ?*

1. "Can we get a special rate?"
   "Yes, they will give us a twenty percent discount."

   ....

   ....

2. "For how long is the ticket valid?"
   "For six months."

   ....

   ....

3. "You ate two hours ago . . . and you want to eat again?"
   "Yes, I'm hungry."

   ....

   ....

4. "I'm sorry that you have an upper berth."
   "Well, that's better than sleeping in the seat."

   ....

   ....

F. *Unscramble the following words to form sentences.*

1. alquilar / mecánicos / ellos / de / coche / volvieron / un / a / cambios

   ....

   ....

2. ida / pasajes / es / Uds. / necesario / de / que / saquen / vuelta / y

   ....

   ....

3. que / España / es / viajar / sur / una / el / nosotros / lástima / podamos / no / de / por

   ....

   ....

Lección 18

A. *Look at the pictures below, then complete each sentence with either the indicative or the subjunctive.*

1. Vamos a un ....

   donde ....

   ....

2. ¿Hay algún ....

   donde ....

   .... ?

3. Tengo una empleada que ....

   ....

   ....

4. Necesito una ....

   ....

   ....

117

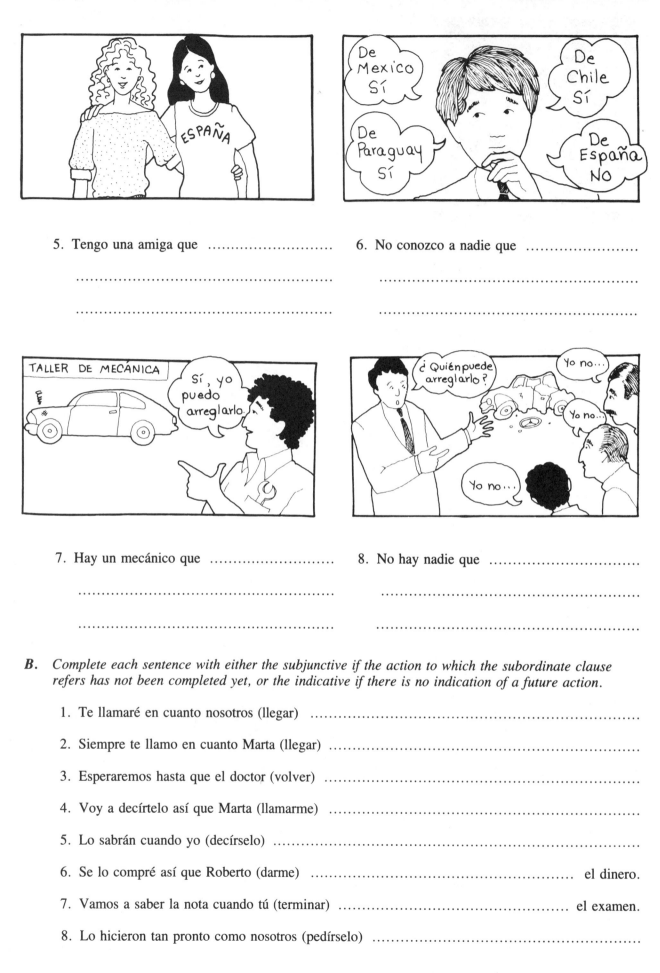

5. Tengo una amiga que ....

....

....

6. No conozco a nadie que ....

....

....

7. Hay un mecánico que ....

....

....

8. No hay nadie que ....

....

....

B. *Complete each sentence with either the subjunctive if the action to which the subordinate clause refers has not been completed yet, or the indicative if there is no indication of a future action.*

1. Te llamaré en cuanto nosotros (llegar) ....

2. Siempre te llamo en cuanto Marta (llegar) ....

3. Esperaremos hasta que el doctor (volver) ....

4. Voy a decírtelo así que Marta (llamarme) ....

5. Lo sabrán cuando yo (decírselo) ....

6. Se lo compré así que Roberto (darme) .... el dinero.

7. Vamos a saber la nota cuando tú (terminar) .... el examen.

8. Lo hicieron tan pronto como nosotros (pedírselo) ....

9. Saldré tan pronto como ellos (venir) ....

10. Siempre me espera hasta que yo (terminar) .... la tarea.

C. *Use the subjunctive after the expressions* **con tal que, sin que, en caso de que** *and* **a menos que** *to complete the following sentences.*

1. Te voy a dar el dinero con tal que tú (venir) ....

                  ella (trabajar) ....

                  ellos (salir) ....

                  él (irse) ....

2. Me voy sin que tú (firmar) .... el registro.

              él (ver) .... las tarjetas.

              ellos (hablar) .... conmigo.

              nosotros (saber) .... la dirección.

3. Vamos a decírselo en caso de que yo (poder) .... traérselo.

                  él (hablar) .... con el agente.

                  ellos (querer) .... la lámpara.

                  Uds. (comprar) .... los cuadros.

4. Te lo compraré a menos que él (decir) .... que no.

                  tú (tener) .... el dinero.

                  ella (pensar) .... que es caro.

                  Uds. (irse) .... hoy.

D. *Answer each question with the word(s) in parentheses.*

Modelo: ¿Sabes si vino Luis? (esperar)
         No, pero espero que haya venido.

1. ¿Sabes si ella se fue? (temer)

....

2. ¿Sabes si los chicos se levantaron? (ojalá)

....

3. ¿Sabes si Marta trajo las sábanas? (no creer)

....

4. ¿Sabes si Mario y Elena le dieron las toallas? (dudar)

   ....

5. ¿Sabes si consiguieron el puesto? (esperar)

   ....

6. ¿Sabes si los chicos rompieron la ventana? (temer)

   ....

7. ¿Sabes si Marta puso el dinero en el banco? (ojalá)

   ....

8. ¿Sabes si José volvió? (dudar)

   ....

E. *Fill in the spáces below with the familiar **tú** form.*

	Affirmative Command	*Negative Command*
1. hablar:	....	....
2. comer:	....	....
3. escribir:	....	....
4. hacerlo:	....	....
5. venir:	....	....
6. bañarse:	....	....
7. afeitarse:	....	....
8. dormirse:	....	....
9. ponérselo:	....	....
10. ir:	....	....
11. ser:	....	....
12. vendérmelo:	....	....
13. levantarse:	....	....
14. tener:	....	....
15. salir:	....	....
16. decírselo:	....	....

F. *¿Cómo se dice... ?*

1. "We need a house that has at least four bedrooms."
"I don't think you can find one for less than ninety thousand dollars."

....

....

....

....

2. "Do you know where I can find a house that is big, comfortable, and inexpensive?"
"Yes, but not in this neighborhood."

....

....

....

....

3. "Have they bought sheets and pillowcases?"
"I doubt whether they have bought anything."

....

....

4. "Come here and bring me those towels, María."
"Yes, Mother. Here they are."

....

....

5. "Is there anybody here who speaks Spanish?"
"Yes, there are two girls who speak Spanish, sir."

....

....

6. "I'm going to have a new job, so I need new dresses and . . . "
"Don't make plans yet, dear . . . "

....

....

....

....

G. Crucigrama (covering vocabulary from lecciones 17 and 18)

HORIZONTAL

3. expreso
7. El sofá está en la _____ .
8. Para manejar, necesito tener una _____ para conducir.
10. Tengo miedo.
11. ciudad en el sur de España
14. alcoba o recámara
16. Mi casa no tiene _____ acondicionado.
18. Lavo los platos en el _____ porque no tengo lavaplatos.
20. Compran pasaje: _____ pasaje.
21. Necesito una funda para la _____ .
22. Allí ponemos el coche.
23. Compramos los boletos en el _____ de boletos.
27. Necesito una _____ para la ventana.
28. horario
31. opuesto de **este**
32. No podemos comer en ese tren; no lleva coche _____ .
34. *neighborhood,* en español
35. No es un coche grande; es un coche _____ .
36. *family room:* salón de _____
38. Vendimos la casa. Tendremos que _____ .
40. Necesito _____ para la cama.
42. estufa
43. Cobran menos; dan un _____ .
45. Hay mucha gente esperando para comprar boletos. Vamos a tener que hacer _____ .
46. Pongo los cuadros en la _____ .
47. *to be glad,* en español

VERTICAL

1. precio
2. Tenemos que dormir en el asiento; no tenemos _____ .
4. No trabajo ocho horas por día. Trabajo solamente _____ día.
5. Necesito cincuenta dólares y tengo cuarenta. No tengo _____ dinero.
6. cambio
7. butaca
9. Las maletas están en la sala de _____ .
12. Tengo frío; necesito una _____ .
13. Si quiere comprar una casa tiene que ir a la agencia de _____ raíces.
15. en la estación, lugar donde tomamos el tren
17. *mattress,* en español
19. opuesto de **subirse**
24. Sale todos los días; es un tren _____ .
25. árboles que dan fruta: árboles _____
26. opuesto de **sur**
27. mueble que usamos para dormir
29. verbo: traducir; nombre: _____
30. mujer que supervisa
33. en México la llaman **alberca**
37. cama, sofá, cómoda, sillón, etc.
38. mil × mil
39. Ella es de Chile. Es _____ .
41. mueble donde ponemos la ropa
44. vagón

122

Check Your Progress

(Lecciones 17 y 18)

Lección 17

A. *Complete the following sentences with the present subjunctive, the present indicative, or the infinitive.*

1. Dudo que nosotros .... (poder) conseguir literas.

2. Es mejor .... (reservar) los pasajes hoy.

3. No creo que él .... (alquilar) ese coche.

4. Estoy segura de que ellos .... (ser) ciudadanos americanos.

5. No es necesario que Uds. .... (traer) la licencia para manejar.

6. No es verdad que ellos .... (tener) que trasbordar.

7. Es cierto que ellos nos .... (hacer) un descuento.

8. Es importante que el coche .... (estar) asegurado.

B. *Rewrite the following sentences with the first-person plural command.*

1. Vamos a sentarnos aquí. ....

2. Vamos a decírselo. ....

3. Vamos a reservarla. ....

4. Vamos a sacar pasaje. ....

C. *Give the Spanish equivalent of the following sentences.*

1. Are you going to transfer again? (*Use **volver a.***)

   ....

2. Let's ask him for how long the ticket is good.

   ....

3. I hope he has a four-door car.

   ....

Lección 18

A. *Complete the following in an original manner, using either the present indicative or the present subjunctive.*

1. Quiero una casa que ....

125

2. Conozco a una chica que ....

3. Necesito una secretaria que ....

4. Te voy a llamar por teléfono cuando ....

5. Siempre la llamo en cuanto ....

6. Mis padres trabajan para que nosotros ....

7. Iremos a la playa con tal que no ....

8. Aquí no hay nadie que ....

B. *Using the **tú** form, tell me what to do (or what not to do) in each situation below.*

1. Me duele la cabeza.

....

2. No me gusta llamarla por teléfono.

No ....

3. Necesito dinero.

....

4. No quiero acostarme todavía.

No ....

5. No quiero hacer la tarea ahora.

No ....

6. No quiero ir a clase hoy.

No ....

7. Tengo mucho frío.

....

8. ¡Estoy muy gorda!

....

C. *Give the Spanish equivalent of the following sentences.*

1. I hope that you have bought the sheets and the pillowcases.

....

2. I don't think she has earned more than a thousand dollars.

....

Name ....

Section ....

Date ....

A. *Write the correct form of the imperfect subjunctive for each of the following verbs.*

1. **comer:** yo ....

2. **salir:** nosotros ....

3. **ser:** tú ....

4. **poder:** Juan ....

5. **traer:** Elena y Rosa ....

6. **andar:** Luis y yo ....

7. **poner:** Ud. ....

8. **dar:** yo ....

9. **dormir:** tú ....

10. **servir:** el mozo ....

11. **decir:** el dentista ....

12. **venir:** los ayudantes ....

13. **tener:** tú y yo ....

14. **hacer:** los muchachos ....

15. **ir:** tú y él ....

B. *Answer the following questions with the cues provided.*

1. ¿Qué te pidió?   (traer las gotas)

....

2. ¿Qué les sugirió él a Uds.?   (ir al dentista)

....

3. ¿Qué temían ellos?   (nosotros / no venir)

....

4. ¿Qué te aconsejó el doctor?   (usar una bolsa de agua caliente)

....

5. ¿Qué tipo de casa buscaban Uds.?   (una casa / tener piscina)

....

6. ¿Qué esperabas tú?   (el dentista / salvarme la muela)

....

C. *Complete the chart below, paying particular attention to the use of the pluperfect subjunctive.*

English	Verbs that Require the Subjunctive	que	Subject of Subordinate Clause	Imperfect Subjunctive of **haber**	Past Participle
I didn't think they had come.	**No creí**	que	ellos	hubieran	venido.
She was sorry you had gone.	Lamentaba		tú		
We were hoping you had finished.	Esperábamos		Uds.		
He doubted that she had died.					muerto.
You were afraid that she had gotten married.				se hubiera	
They denied that she had returned.	Negaron				
I didn't think you had gone out.			tú		
We were sorry you had left.			Uds.		
I hoped she had learned.					
I didn't think Rose had undressed.	No creí				
I was glad that they had started.	Me alegré de				
You didn't think we had eaten.					

D. *¿Cómo se dice... ?*

1. "Can you take me to the dentist's office, please?"
   "Does your tooth hurt? Your face is swollen."
   "Yes, I'm afraid my gums are infected."
   "Let's go to the medical center."

....

....

....

....

2. "Can you read the bottom line?"
   "No, it's very blurred. I think I'm going to need glasses."
   "Why don't you wear contact lenses?"
   "It's very difficult to get used to them."

....

....

....

....

3. "What did the dentist tell you to do?"
   "He told me to rinse my mouth."
   "Did he tell you that you needed a cleaning?"
   "Yes."

....

....

....

....

4. "It's not a good idea (for you) to drive now."
   "You're right. I can't see very well, and the light bothers me. Will that last for a long time?"
   "No."

....

....

....

....

E. *Unscramble the following words to form sentences.*

1. limpiarse / para / también / mejor / que / los / dental / usara / sería / entre / dientes / hilo

....

....

2. los / debe / dientes / cómo / mi / le / a / va / ayudante / enseñar / cepillarse

....

....

3. me / dientes / siempre / cepillo / al / veces / yo / los / tres / día

....

....

Lección 20

Name ....

Section ....

Date ....

A. *Referring to the pictures below, tell what these people would do if circumstances were different.*

Modelo:

Yo no tengo dinero.

Si ....

Si yo tuviera dinero, viajaría.

1. Roberto no tiene tiempo.

   Si ....

2. Elsa no está de vacaciones.

   Si ....

3. Ellos no tienen hambre.

   Si ....

4. Nosotros no podemos estudiar juntos.

   Si ....

5. Tú tienes que trabajar.

   Si no ....

6. Uds. no van a la fiesta.

   Si ....

7. Hoy es sábado.

   Si no ....

8. A Sofía no le duelen las muelas.

   Si ....

B. *Using the pictures as a guide, tell what these people will do if circumstances allow or require.*

Modelo:

No sé si tendré dinero o no.

Si ....

Si tengo dinero, voy a viajar.

1. Yolanda y yo no sabemos si el coche está descompuesto o no.

Si ....

2. No sé si el secretario tendrá tiempo o no.

Si ....

3. No sé si ellas quieren hamburguesas o no.

Si ....

4. No sé si Laura está enferma.

Si ....

5. No sé si tú tienes el periódico o no.

   Si ....

6. No saben si el autobús pasa por aquí o no.

   Si ....

C. **Summary of the uses of the subjunctive**

Complete the following sentences with the subjunctive if there is a change of subject, or the infinitive if there is no change of subject.

1. Yo quiero (solicitar) .... el puesto.

   Yo quiero que tú (solicitar) .... el puesto.

2. Tú deseas (comprar) .... máquinas de oficina.

   Tú deseas que yo (comprar) .... máquinas de oficina.

3. Ellos prefieren que nosotros (entrevistar) .... a todo el personal.

   Ellos prefieren (entrevistar) .... a todo el personal.

4. Es necesario (conseguir) .... una secretaria eficiente.

   Es necesario que ellos (conseguir) .... una secretaria eficiente.

5. Me alegro de que ustedes (estar) .... aquí.

   Me alegro de (estar) .... aquí.

6. Era importante (llegar) .... temprano.

   Era importante que nosotros (llegar) .... temprano.

7. Convenía (hacer) .... el trabajo pronto.

   Convenía que él (hacer) .... el trabajo pronto.

8. Siento que tú (tener) .... que irte.

   Siento (tener) .... que irme.

In the following sentences, use the subjunctive when referring to someone or something that is indefinite, unspecified, or nonexistent; use the indicative when referring to a specific person or thing.

1. Necesito una secretaria que (hablar) .... francés.

   Tengo ....

2. Conozco a dos chicas que (enseñar) .... matemáticas.

   No conozco a nadie que ....

3. ¿Dónde hay un restaurante donde (servir) .... comida italiana?

   Hay un restaurante en la Quinta Avenida donde ....

   ....

4. Quiero un empleado que (poder) .... hacer esas transacciones.

   Tenemos ....

   ....

5. ¿Conoces a alguien que (ser) .... bilingüe?

   He conocido a un muchacho que ....

Use the subjunctive in the sentences below if the action is pending in time; use the indicative if the action has been completed, is presently occurring, or usually occurs.

1. Voy a ayudarte hasta que (terminar) .... el trabajo.

   Te ayudé hasta que (terminar) .... el trabajo.

2. Siempre pongo un anuncio cuando (necesitar) .... un empleado.

   Pondré un anuncio cuando (necesitar) .... un empleado.

3. Solicitaré trabajo cuando (haber) .... un puesto vacante.

   Siempre solicito trabajo cuando (haber) .... un puesto vacante.

4. Se lo diré en cuanto ellos (llegar) ....

   Se lo dije en cuanto ellos (llegar) ....

Complete each sentence with the subjunctive after verbs and expressions of doubt or uncertainty, and the indicative when expressing certainty.

1. Dudo que ellos (querer) .... trabajar en ese campo.

   No dudo ....

135

2. No estoy seguro de que él (tener) .... sentido de responsabilidad.

   Estoy seguro ....

   ....

3. Es probable que nosotros (salir) .... el doce del corriente.

   Es seguro ....

   ....

4. Fuimos al cine aunque (llover) .... mucho.

   Mañana iremos al cine aunque ....

In the following sentences, use the subjunctive when the main clause denies what the subordinate clause expresses, and use the indicative when it does not.

1. No es verdad que yo le (haber dado) .... un abrazo.

   Es verdad ....

2. Niego que nosotros (haber dicho) .... esas palabras.

   No niego ....

D. *Change the following sentences to the passive. Keep in mind that the tense of the verb* **ser** *in the passive voice will be the same as the tense of the verb used in the active voice, and that the past participle will always agree with the subject in gender and number.*

Modelo: El jefe firma los documentos.
   Los documentos son firmados por el jefe.

1. Yo fundé esa compañía.

   ....

2. La secretaria escribía las cartas.

   ....

3. El presidente entrevistará a los empleados.

   ....

4. Los profesores explicarían las lecciones.

   ....

5. Mario ha traducido las cartas.

   ....

6. El doctor Mendoza habría operado a la niña.

   ....

7. Quieren que el mecanógrafo escriba los anuncios a máquina.

   ....

8. No creo que tú hayas enviado esas cartas.

   ....

9. Nosotros hemos escrito las recomendaciones.

   ....

10. El jefe de personal recomendará a la mecanógrafa.

    ....

E. **Prepare an envelope**

Ud. va a escribir una carta solicitando trabajo en la compañía Gómez y Hnos. (Hermanos), que queda en la calle Libertad número 480. La carta va dirigida a David Martínez, que es el jefe de personal. La compañía tiene sus oficinas en la ciudad de Buenos Aires. Con esta información, escriba el sobre para su carta.

F. Write a postcard

Ud. está de vacaciones en la playa, en México. Escríbale una tarjeta postal a un amigo, contándole cómo le va.

_____

_____

_____

_____   _____

_____   _____

_____   _____

_____

G. ¿Cómo se dice... ?

1. "She went to the store and bought two dresses, a pair of shoes, and a purse. She spent four hundred dollars!"
   "Yes. Sometimes she spends money as if she were rich."

   ....

   ....

   ....

2. "What time do the stores close today?"
   "According to the ad, they close at ten o'clock in the evening."

   ....

   ....

3. "They say she's an excellent stenographer."
   "I don't believe it."

   ....

   ....

4. "Do you think your sister will get the job, Miss Rivera?"
   "I hope so! If she gets it, she will have many opportunities to travel."

   ....

   ....

   ....

5. "We need an apartment, but the apartment we liked was rented yesterday."
   "I'm sorry."

   ....

   ....

   ....

6. "Albert got the job at the import-export company."
   "Of course! That company was founded by his grandparents . . ."

   ....

   ....

   ....

H. Crucigrama (covering vocabulary from lecciones 19 and 20)

HORIZONTAL

1. Le van a dar _____ para que no le duela.
6. Me limpio entre los dientes con hilo _____ .
8. Firma los cheques de todos los empleados. Está encargada de la sección de _____ .
9. No usa espejuelos; usa lentes de _____ .
11. lentes o gafas
12. idioma que se habla en París
14. El dentista tiene que empastarme las muelas porque tengo varias _____ .
15. anuncio
16. *stenographer*, en español (*m.*)
18. Los pacientes esperan en la sala de _____ .

19. *line*, en español
20. Para cepillarme los dientes necesito pasta _____ .
21. da un puesto
23. opuesto de **exportación**
26. Hay sesenta en una hora.
27. sacar (una muela)
28. Yo trabajaba para él. Él es mi _____ jefe.
30. No se ve bien. Está _____ .
31. No vive en una casa; tiene un _____ .
35. Habla dos idiomas; es _____ .
36. buenísimo
38. ¿La _____ de hoy? Catorce de mayo.
39. Se usa para quitar el dolor.

VERTICAL

2. piden
3. Escribe a máquina; es _____ .
4. Necesito trabajo. Voy a leer los anuncios _____ .
5. adjetivo: responsable; nombre: _____
7. Para conseguir un puesto en la administración, es necesario que haya tenido experiencia en trabajos _____ .
10. *she interviews*, en español
13. verbo: recomendar; nombre: _____
17. La necesito para coser (*to sew*)
22. Si tiene la cara _____ , póngase una bolsa de hielo.

23. Yo hablo solamente inglés, y él habla solamente español. Para conversar necesitamos un _____ .
24. Traduce todas las cartas. Es el _____ .
25. Debe _____ los dientes tres veces al día.
29. Es muy bueno para mí. Me _____ .
32. Es contador _____ .
33. *between*, en español
34. directora, supervisora
37. *crown*, en español

Check Your Progress (Lecciones 19 y 20)

Lección 19

A. *Change each sentence according to the new cue.*

1. Yo voy al dentista.

   Mamá quiere que yo ....

2. Ellos hablaron con él.

   Yo esperaba que ellos ....

3. Lo hemos visto.

   No creen que ....

4. Teresa había vuelto.

   Me alegré mucho de que Teresa ....

5. Ayer la llamé en cuanto llegué.

   Mañana la llamaré ....

6. Siento que estés enferma.

   .... ayer .

7. Ana le da el dinero a Eva.

   Dígale a Ana que ....

8. Tú se lo dices a María.

   Me gustaría que tú ....

9. Le pido que vuelva.

   Le pedí ....

10. Habían muerto todos.

    Yo temía que. ....

B. *Give the Spanish equivalent of the following sentences.*

1. The dentist wanted me to use dental floss twice a day.

   ....

2. It was a pity that she had broken her glasses.

   ....

143

Lección 20

A. *Complete the following sentences with the present indicative, the imperfect subjunctive, or the pluperfect subjunctive, as needed.*

1. Iré a verte si .... (tener) tiempo.

2. Le habrían dado el puesto si ella .... (saber) español.

3. Si yo .... (poder), iría.

4. Si él me .... (invitar) a salir, aceptaría.

5. Le daré una recomendación si ella me la .... (pedir).

6. Yo habría solicitado el puesto si .... (leer) el anuncio.

7. Raquel habla como si lo .... (saber) todo.

8. Si yo .... (ser) tú, le daría un abrazo.

B. *Change the following sentences to the passive voice.*

1. El jefe entrevista a todos los empleados.

....

2. El doctor Gómez recomendó a la Sra. Vega.

....

3. Firmarán los contratos el próximo viernes.

....

C. *Give the Spanish equivalent of the following sentences, using constructions with* **se.**

1. I don't think that Spanish is spoken in Brazil.

....

2. That is not done!

....

Laboratory
Manual

Introduction to Spanish Sounds

A. *The vowels*

a: like the *a* in *father*

Ana casa banana mala dama mata

e: like the *e* in *met*

este René teme deme entre bebe

i: like the *ee* in *see*

sí difícil Mimí ir dividir Fifí

o: like the *o* in *no* (no glide)

solo poco como toco con monólogo

u: like the *ue* in *Sue*

Lulú un su universo murciélago

B. *The consonants*

p: like the *p* in *spot*

in front of pan papá Pepe pila poco pude

c: ca, co, cu, cl, cr: like *k*

casa como cuna clima crimen cromo

only used

q: que, qui: like *k*

u is silent que queso Quique quinto quema quiso

t: like the *t* in *stop*

toma mata tela tipo atún Tito

d: initial or <u>after</u> **n** or **l:** like the *d* in *David*

día dedo duelo anda Aldo

all other positions: like the <u>*th*</u> in *they*

me**d**ida to**d**o na**d**a Ana **d**ice Eva **d**uda

g: initial or after **n:** like the *g* in *guy*

goma gato tengo gusto gota venga

all other positions except before **e** or **i:** like the *g* in *sugar*

lago algo aguja daga mago Virgo

gue and **gui: u** is silent

Águeda guineo guiso ligue guía

147

j, g: before **e** or **i:** like the *h* in *home*

    jamás   juego   jota   Julio   gente   Genaro   gime

b, v: initial or after **n** or **m:** like the *b* in *obey*

    Beto   vaga   bote   vela   también   un vaso

between vowels: with the lips barely closed

    sábado   yo voy   sabe   Ávalos   Eso vale

y, ll: like the *y* in *yet*

    yo   llama   yema   lleno   ya   lluvia   llega

r (ere): like the *tt* in *gutter*

    cara   pero   arena   carie   Laredo   Aruba

r (erre): initial or after **l, n,** or **s:** strong trill *also rr*

    Rita   Rosa   rubio   alrededor   Enrique   Israel
    perro   parra   torre   ruina   derrama

before e or i

s: (s, z, ce, or **ci):** like the *s* in *sink*

    sale   sitio   solo   seda   suelo
    zapato   cerveza   ciudad   cena

z, ce, or **ci:** in most of Spain: like the *th* in *think*

    zarzuela   cielo   docena

h: silent *unless ch*

    hilo   Hugo   ahora   Hilda   almohada   hermano

ch: like the *ch* in *chief*

    muchacho   chico   coche   chueco   chaparro

f: identical to the English *f*

    famoso   feo   difícil   fuego   foto

l: like the *l* in *lean*

    dolor   ángel   fácil   sueldo   salgo   chaval

m: like the *m* in *mother*

    mamá   moda   multa   médico   mima

n: in most cases: like the English *n*

    nada   norte   nunca   entra   nene

before **b, v,** or **p:** like the English *m*

    invierno   tan bueno   un vaso   un bebé   un perro

ñ: like the *ny* in *canyon*

    muñeca   leña   año   señorita   piña   señor

x: between vowels: like the English *gs*

examen   boxeo   éxito   exigente

before a consonant: like the English *s*

expreso   excusa   extraño   exquisito

C. *Linking*

1. final consonant—initial vowel

Carlos anda   un ángel   el otoño   unos estudiantes

2. final vowel—initial vowel

su esposo   la hermana   ardua empresa   la invita

3. final vowel and initial vowel identical: slightly longer

Ana alcanza   me espera   mi hijo   lo olvida

two identical vowels within a word: slightly longer

co**o**peración   cr**ee**s   l**ee**mos   co**o**rdinación

4. final consonant and initial consonant the same: slightly longer

al lado   un novio   Carlos salta   tienes sed   al leer

Name ....

Section ....

Date ....

I. DIALOGUES

The dialogues will be read with pauses for student repetition.

PROFESOR: —Señorita Peña, el doctor Mena.

SEÑORITA PEÑA: —Mucho gusto, doctor Mena.

DOCTOR MENA: —El gusto es mío, señorita Peña.

SEÑORITA GARCÍA: —Buenos días, señor López.

SEÑOR LÓPEZ: —Buenos días, señorita García. ¿Cómo está usted?

SEÑORITA GARCÍA: —Muy bien, gracias. ¿Y usted?

SEÑOR LÓPEZ: —Bien, gracias.

SEÑORITA GARCÍA: —Hasta luego.

SEÑOR LÓPEZ: —Adiós.

ALUMNA: —Buenas tardes, profesora.

PROFESORA: —Buenas tardes, señorita. ¿Cómo se llama usted?

ALUMNA: —Me llamo Julia Sandoval.

SEÑOR CORTÉS: —Buenas noches, señora. ¿Cómo está usted?

SEÑORA DÍAZ: —No muy bien.

SEÑOR CORTÉS: —Lo siento.

SEÑORA VEGA: —Muchas gracias, señorita.

SEÑORITA PAZ: —De nada, señora. Hasta mañana.

SEÑORA VEGA: —Hasta mañana.

PROFESOR: —¿Qué día es hoy, Carlos?

CARLOS: —Hoy es miércoles. Profesor, ¿cómo se dice «*you're welcome*» en español?

PROFESOR: —Se dice «de nada».

CARLOS: —¿Qué quiere decir «lo siento»?

PROFESOR: —Quiere decir «*I'm sorry*».

JULIA: —Carlos, ¿cuál es tu número de teléfono?

CARLOS: —Cinco-cuatro-ocho-tres-dos-cero-nueve.

151

Situational exercise (based on the dialogues in this lesson)

Respond appropriately after each situation.

Modelo: You greet Mr. Soto in the morning.
Buenos días, señor Soto.

II. PRONUNCIATION

When you hear the number, read the corresponding word(s) aloud.

1. el profesor
2. el mapa
3. el borrador
4. la pizarra
5. la tiza
6. el reloj
7. el escritorio
8. el lápiz
9. el estudiante
10. la puerta
11. las ventanas
12. un cuaderno
13. una silla
14. unos libros
15. unas plumas
16. rojo - red
17. blanco - white
18. azul - blue
19. verde - green
20. amarillo - yellow
21. rosado - rosey cheeks
22. marrón
23. negro -
24. gris
25. anaranjado - orange

III. GRAMMATICAL STRUCTURE EXERCISES

A. *Make the following nouns and their articles plural.*

Modelo: el alumno
los alumnos

B. *Supply the appropriate color or colors after you hear the name of each object.*

C. *When you hear the day, say what day precedes it.*

Modelo: domingo
sábado

Tape cuts off

IV. LISTENING AND WRITING DRILL

A. Cardinal numbers 0–10

Write the numbers the speaker dictates.

1. uno
2. dos
3. tres
4. cuatro
5. cinco
6. SEIZ
7. siete
8. ocho
9. neuve
10. diez
11.

152

B. Dictation

1. Hasta mannana Señorita
2. El gusto es mió Senor mana
3. Como se llama usted.
4. Muchas gracias profesor Pena
5. ¿Qué día es hoy?
6. ¿cuál es tu número de teléphono?

los profesores

Lección 1

Name ....

Section ....

Date ....

I. DIALOGUES

The dialogues will be read with pauses for student repetition.

RAQUEL: —Hola. ¿Está Marta?

MARISA: —No, no está. Lo siento.

RAQUEL: —¿Dónde está?

MARISA: —En el mercado.

RAQUEL: —Entonces llamo más tarde.

MARISA: —Muy bien. Adiós.

MARÍA: —Bueno.

CARMEN: —Hola. ¿Está María?

MARÍA: —Sí, con ella habla... ¿Carmen?

CARMEN: —Sí. ¿Qué tal, María?

MARÍA: —Muy bien, gracias. ¿Qué hay de nuevo?

CARMEN: —Nada. ¡Oye!, ¿estudiamos inglés hoy?

MARÍA: —Sí, y mañana estudiamos español.

CARMEN: —Hasta luego, entonces.

ROSA: —Hola.

PEDRO: —Hola. ¿Está Ana?

ROSA: —Sí. ¿Quién habla?

PEDRO: —Pedro Morales.

ROSA: —Un momento, por favor.

ANA: —Hola, Pedro. ¿Qué tal?

PEDRO: —Bien, ¿y tú?

ANA: —Más o menos.

PEDRO: —¿Por qué? ¿Problemas sentimentales?

ANA: —No, económicos. ¡Yo necesito dinero!

PEDRO: —¡Yo también! ¡Oye! ¿Tú trabajas en el hospital hoy?

ANA: —No, esta noche no trabajo.

155

Multiple-choice exercise

Circle the correct answer according to the dialogues.

1. (a) Muy bien, gracias.   (b) No, no está. Lo siento.   (c) Más o menos.
2. (a) Hasta luego, entonces.   (b) ¿Quién habla?   (c) Muy bien, gracias.
3. (a) Pedro Morales.   (b) ¿Qué hay de nuevo?   (c) Sí, y mañana estudiamos español.
4. (a) No, económicos.   (b) En el mercado.   (c) Sí, con ella habla.
5. (a) No, no está. Lo siento.   (b) No, esta noche no trabajo.   (c) Sí, un momento, por favor.

II. PRONUNCIATION

A. The sound of the Spanish *a*

1. Minimal Pairs:

English	Spanish
alpaca	alpaca
banana	banana
cargo	cargo
canal	canal

2. When you hear the number, read the corresponding sentence aloud.

1. Hasta mañana, Ana.
2. La mamá trabaja.
3. Panamá gana fama.

B. The sound of the Spanish *e*

1. Minimal pairs:

English	Spanish
mesa	mesa
preposition	preposición
adobe	adobe
Los Angeles	Los Ángeles

2. When you hear the number, read the corresponding sentence aloud.

Hard

1. Te besé y te dejé.
2. Mereces que te peguen.
3. Pepe y Mercedes beben café.

III. GRAMMATICAL STRUCTURE EXERCISES

A. Repeat each sentence, then substitute the new subject. Be sure the verb agrees with the new subject.

1. *Yo* trabajo en el hospital.
   (Nosotros / Tú / Ellos / María)

2. *Nosotros* hablamos español.
   (Yo / El profesor / Tú / Ellos)

156

3. *Ella* necesita dinero.
   (Tú / Nosotros / Yo / Ustedes)

B. *Supply the appropriate definite article for each of the following words.*

1. mesas las
2. organización la
3. señorita la
4. doctor el
5. telegrama el
6. lecciones las
7. profesores los
8. mercado el
9. día el
10. universidad la
11. hospital el
12. manos las
13. señoras las
14. programas los

C. *Change each of the following sentences to the negative.*

1. Yo hablo español.
2. Él trabaja en la ciudad.
3. Nosotros estudiamos la lección.
4. Tú deseas hablar con Ana.
5. Uds. necesitan los mapas.
6. La señora está en el mercado.

D. *Change each sentence to the interrogative form, placing the subject at the end of the sentence.*

Modelo: La profesora está en la clase.
   ¿Está en la clase la profesora?

1. Marisa y Rosa necesitan dinero.
2. Roberto trabaja en la universidad.
3. El doctor Mena necesita trabajo.
4. Usted trabaja en el hospital.
5. Los profesores estudian el programa.

IV. LISTENING AND WRITING DRILL

A. Cardinal numbers

Write the numbers the speaker dictates

1. ....
2. dos ....
3. tres ....
4. ....
5. ~~cia~~ cinco ....
6. .... siet ....
7. .... siete ....
8. diez ocho ....

B. Dictation

1. Esta noche no trabaja ....
2. Queirre ....
3. U   de cieto denaro ....
4. Entonces llamo ~~matar~~ mustardes. ....

335 on tape

Lección 2

Name ....

Section ....

Date ....

I. DIALOGUES

The dialogues will be read with pauses for student repetition.

SRA. JIMÉNEZ: —Buenos días, señorita. Vengo a solicitar trabajo.

RECEPCIONISTA: —Buenos días. Tome asiento, por favor.

SRA. JIMÉNEZ: —Gracias.

RECEPCIONISTA: —¿Cuál es su nombre y apellido?

SRA. JIMÉNEZ: —Mercedes Jiménez Pérez.

RECEPCIONISTA: —¿Lugar de nacimiento?

SRA. JIMÉNEZ: —Soy de la ciudad de México.

RECEPCIONISTA: —¿Dirección?

SRA. JIMÉNEZ: —Vivo en la calle Roma número diez y ocho.

RECEPCIONISTA: —¿Su número de teléfono?

SRA. JIMÉNEZ: —Mi número es cinco-siete-seis-ocho-cinco-cuatro-nueve.

RECEPCIONISTA: —¿Su edad?

SRA. JIMÉNEZ: —Treinta años.

RECEPCIONISTA: —¿Profesión?

SRA. JIMÉNEZ: —Soy enfermera.

RECEPCIONISTA: —¿Estado civil?

SRA. JIMÉNEZ: —Soy casada.

RECEPCIONISTA: —¿Cómo se llama su esposo?

SRA. JIMÉNEZ: —Esteban Ruiz.

RECEPCIONISTA: —¿Qué profesión tiene su esposo?

SRA. JIMÉNEZ: —Es ingeniero. Trabaja para la compañía Sandoval.

RECEPCIONISTA: —¿Tienen Uds. hijos?

SRA. JIMÉNEZ: —Sí, tenemos dos hijos y una hija.

RECEPCIONISTA: —¿Los niños son mexicanos también?

SRA. JIMÉNEZ: —Sí, ellos son de México también.

RECEPCIONISTA: —Gracias. Ahora debe llenar la otra planilla.

True-false exercise

Circle V for **verdadero** *or F for* **falso** *according to the dialogue.*

1. V F   5. V F
2. V F   6. V F
3. V F   7. V F
4. V F   8. V F

II. PRONUNCIATION

A. The sound of the Spanish *i*

1. Minimal pairs:

English	*Spanish*
director	director
diversion	diversión
Martin	Martín
literal	literal

2. When you hear the number, read the corresponding sentence aloud.

1. Fifí mira a Rin-Tin-Tin.
2. Mimí dice que es difícil vivir aquí.
3. La inimitable Rita me irrita.

B. The sound of the Spanish *o*

1. Minimal pairs:

English	*Spanish*
noble	noble
no	no
opinion	opinión
Colorado	Colorado
adorable	adorable

2. When you hear the number, read the corresponding sentence aloud.

1. Jugó al polo solo.
2. Lolo compró los loros.
3. Yo como pollo con Rodolfo.

III. GRAMMATICAL STRUCTURE EXERCISES

A. Change each adjective according to the new cues.

1. el niño español   3. el alumno inteligente
2. el esposo feliz   4. el libro rojo

B. Answer the following questions in the affirmative.

C. Answer the following questions in the negative.

160

D. *Change the verbs according to the new subjects.*

1. *Tú* tienes dinero.
   (Ud. / Yo / Nosotros / Uds.)

2. *Raquel* viene con Luis.
   (Yo / Nosotros / Ellas / Tú)

3. *Yo* soy norteamericano.
   (Nosotros / Tú / Los niños / Ud.)

IV. LISTENING AND WRITING DRILL

Dictation

1. ....

2. ....

3. ....

4. ....

Name ....

Section ....

Date ....

I. DIALOGUE

Part of the dialogue will be read with pauses for student repetition.

SUSANA: —¡Oye! ¿Dónde está tu prima?

HUMBERTO: —Viene más tarde. Tiene que traer a mi hermana.

SUSANA: —También tiene que traer los discos...

HUMBERTO: —Sí. ¡Ah! ¿Vamos al baile del Club Náutico más tarde?

SUSANA: —Sí. ¿Por qué no invitamos a Julio y a su novia?

HUMBERTO: —Tienes razón; ellos son muy simpáticos.

SUSANA: —¿Cuántos años tiene Julio?

HUMBERTO: —Creo que tiene veintidós.

SUSANA: —¡Oye! ¿Tienes hambre? Tenemos pollo, entremeses...

HUMBERTO: —No, gracias. No tengo mucha hambre, pero tengo sed.

SUSANA: —¿Deseas un coctel, sidra, champán, refrescos, sangría... ?

HUMBERTO: —Sangría, por favor.

Multiple-choice exercise

Circle the correct answer according to the dialogue.

1. (a) uruguaya   (b) argentina
2. (a) los discos   (b) las bebidas
3. (a) simpáticos   (b) antipáticos
4. (a) veintidós   (b) treinta y dos
5. (a) hambre   (b) sed
6. (a) sidra   (b) sangría

II. PRONUNCIATION

A. The sound of the Spanish *u*

1. Minimal pairs:

English	*Spanish*
universal	universal
club	club

163

	English	Spanish
	durable	durable
	Hugo	Hugo

2. *When you hear the number, read the corresponding sentence aloud.*

1. Las universidades uruguayas están en las urbes.
2. Úrsula usa uniformes únicamente en el club.
3. Urbano es un usurero que usualmente no es humilde.

B. Linking

When you hear the number, read the corresponding sentence aloud.

1. ¿De dónde_eres tú?
2. Mis_amigos_están_en México.
3. Mi_hermana_es alta_y_elegante.
4. Carlos_sabe_inglés.

III. GRAMMATICAL STRUCTURE EXERCISES

A. *Change each statement or question, replacing **deber** with **tener que**.*

Modelo: Luis debe traer los discos.
Luis tiene que traer los discos.

B. *Answer each question in the negative, using the cue word provided.*

Modelo: ¿Llamas a Olga?   (Elena)
No, llamo a Elena.

1. (Luis)   2. (su dirección)   3. (refrescos)
4. (hermana)   5. (profesora)   6. (dinero)

C. *Answer each question according to the cue word provided.*

Modelo: ¿A quién llamas?   (profesor)
Llamo al profesor.

1. (doctor)   2. (baile)   3. (señor López)   4. (los Estados Unidos)
5. (hijo de Luis)   6. (profesora)   7. (primos de Juan)

D. *Repeat each sentence, then substitute the new subject. Be sure the verb agrees with the new subject.*

1. *Yo* voy a la fiesta.
   (Nosotros / Tú / Mis amigos / Ud.)

2. *Ellos* están bien.
   (Nosotros / Yo / Tú / Mi compañero)

3. *Él* da dinero.
   (Yo / Tú / Mi novio y yo / Ellos)

IV. LISTENING AND WRITING DRILL

A. Cardinal numbers

Write the numbers the speaker dictates.

1. ....   5. ....

2. ....   6. ....

3. ....   7. ....

4. ....

B. Dictation

1. ....

2. ....

3. ....

4. ....

5. ....

Name ....

Section ....

Date ....

I. DIALOGUE

Part of the dialogue will be read with pauses for student repetition.

LUIS: —¿Quieres ir con nosotros a Madrid este fin de semana?

CAROL: —No… tengo que escribir muchas cartas: a mi abuela, a mi tío…

LUIS: —Tú extrañas mucho a tu familia, ¿no?

CAROL: —Sí… Mañana es el cumpleaños de mi hermano.

CARMEN: —¿Cómo es tu hermano? ¿Rubio? ¿Moreno?

CAROL: —Es rubio, alto y delgado. Es guapo, inteligente… Estudia medicina.

CARMEN: —¡Muy interesante! ¿Piensa venir a España?

CAROL: —No, va a viajar a México con su esposa y sus dos hijas en el verano.

CARMEN: —¡Bah! Es casado… ¡Qué lástima!

CAROL: —¿Quieren ver una fotografía de mis sobrinas?

CARMEN: —Sí. (*Mira la foto.*) ¡Son muy bonitas!

CAROL: —Empiezan a asistir a la escuela en septiembre.

LUIS: —¡Oye! ¿Por qué no vas a Madrid con nosotros? Es más interesante que escribir cartas…

True-false exercise

*Circle V for **verdadero** or F for **falso** according to the dialogue.*

1. V F   4. V F
2. V F   5. V F
3. V F   6. V F

II. PRONUNCIATION

A. The sound of the Spanish *b* and *v*

When you hear the number, read the corresponding sentence aloud.

1. ¿Vas a Burgos para buscar a Viviana?
2. Victoria baila con Vicente Barrios.
3. En el verano, Bárbara va a Varsovia con Basilio.

B. The sound of the Spanish *d*

When you hear the number, read the corresponding sentence aloud.

1. Dorotea mide dos yardas de seda.
2. ¿Cuándo es la boda de Diana y Dionisio?
3. ¿Por dónde anda Delia, doña Dora?

C. The sound of Spanish *g*

When you hear the number, read the corresponding sentence aloud.

1. Gustavo Guerrero ganó la guerra.
2. El águila lanzó la daga en el agua.
3. El gordo guardó la guitarra en el gabinete.

III. GRAMMATICAL STRUCTURE EXERCISES

A. *Change each sentence, using the verb provided.*

> **Modelo:** Yo como uvas.   (querer)
> *Yo quiero uvas.*

B. *Respond to each statement, using the comparative form.*

> **Modelo:** Yo soy alto.
> *Yo soy más alto que tú.*

C. *Establish comparison of equality between each pair of statements.*

> **Modelo:** Jorge es bajo. Pedro es bajo.
> *Jorge es tan bajo como Pedro.*

D. *Answer each question, always using the second possibility in your response.*

> **Modelo:** ¿Vas a visitar a tus padres o *a tus tíos?*
> *Voy a visitar a mis tíos.*

E. *After you hear the cardinal number, give the corresponding ordinal number.*

IV. LISTENING AND WRITING DRILL

Dictation

1. ....

2. ....

3. ....

4. ....

5. ....

Lección 5

I. DIALOGUE

Part of the dialogue will be read for student repetition.

EMPLEADO: —Su pasaje, por favor. ¿Cuántas maletas tiene Ud.?

TERESA: —Tengo tres maletas, dos maletines y un bolso de mano.

EMPLEADO: —Sólo puede llevar un maletín y un bolso de mano con Ud.

TERESA: —Bueno, llevo un maletín conmigo y dejo el otro con las maletas.

EMPLEADO: —Tiene que pagar exceso de equipaje, señorita.

TERESA: —Bien. ¿A qué hora sale el avión?

EMPLEADO: —Al mediodía. Tiene dos horas de retraso.

TERESA: —Entonces voy a almorzar primero. ¡Ah!
¿Cuál es la puerta de salida para tomar el avión?

EMPLEADO: —La puerta número cuatro. Aquí están los comprobantes para su equipaje. ¡Buen viaje, señorita!

True-false exercise

*Circle V for **verdadero** or F for **falso** after each statement.*

1. V F   4. V F
2. V F   5. V F
3. V F   6. V F

II. PRONUNCIATION

A. The sound of the Spanish *p*

When you hear the number, read the corresponding sentence aloud.

1. Para practicar preciso tiempo y plata.
2. Pablo puede pedirle la carpeta al profesor Pérez.
3. El pintor pinta un poco para pasar el tiempo.

B. The sound of the Spanish *t*

When you hear the number, read the corresponding sentence aloud.

1. ¿Todavía tengo tiempo o es tarde?
2. Tito trae tomates para ti también.
3. Esta bendita Teresa tiene tres teléfonos en total.

C. The sound of the Spanish *q*

When you hear the number, read the corresponding sentence aloud.

1. ¿Qué quiere Roque Quintana?
2. ¿Quieres quedarte en la quinta, querido?
3. El pequeño Quique quiere queso.

D. The sound of the Spanish *c*

When you hear the number, read the corresponding sentence aloud.

1. Carmen Cortés compró un carro caro.
2. Cándido conoció a Paco en Colombia.
3. Consuelo y Carlos cantan canciones cubanas.

III. GRAMMATICAL STRUCTURE EXERCISES

A. *Change each sentence, using the new verbs provided.*

Modelo: Nosotros queremos ir.   (poder)
  Nosotros podemos ir.

1. (volver)   2. (recordar)   3. (almorzar)   4. (dormir)
5. (costar)   6. (encontrar)   7. (contar)   8. (poder)

B. *Repeat each sentence, changing the verb to the present progressive.*

Modelo: Jorge come ensalada.
  Jorge está comiendo ensalada.

C. *Answer each question, always selecting the second alternative.*

Modelo: –¿Vas a ir con ellos o con nosotros?
  –Voy a ir con Uds.

D. *Change each sentence, using the absolute superlative.*

Modelo: Él es muy alto.
  Él es altísimo.

IV. LISTENING AND WRITING DRILL

Dictation

1. ....

2. ....

....

3. ....

4. ....

....

5. ....

Review Section: Lecciones 1–5

Answer each question, using the cues provided below.

1. con María
2. español
3. dinero
4. en el hospital
5. no
6. sí
7. sí
8. de California
9. sí
10. en la calle Magnolia
11. veinte años
12. no
13. no
14. la planilla
15. jamón y queso
16. refrescos
17. casada
18. divorciado
19. Rosa Aguirre
20. sí
21. no
22. a nuestros amigos
23. los discos
24. a la casa de mis amigos
25. no
26. con su novia
27. sí
28. con cerveza
29. la universidad de Madrid
30. el español
31. en septiembre
32. en enero
33. con nuestro padre
34. mañana
35. en autobús
36. más alto
37. mi cuñada
38. menor
39. con el agente
40. cien mil pesos
41. dos maletas
42. los martes y jueves
43. a las cuatro
44. a la una
45. sí

Lección 6

I. DIALOGUES

Part of the dialogues will be read with pauses for student repetition.

INSPECTOR: —Debe abrir sus maletas ¿Tiene Ud. algo que declarar?

TERESA: —Tengo esta cámara fotográfica y estos cigarrillos. Nada más.

INSPECTOR: —¿Y esta maleta?

TERESA: —Ésa no es mi maleta. Sólo tengo éstas.

INSPECTOR: —Muy bien. Todo está en regla.

TERESA: —¿Hay alguna oficina de turismo por aquí?

INSPECTOR: —Sí, es aquélla a la izquierda.

TERESA: —Buenos días, señor. ¿Tiene Ud. una lista de hoteles y pensiones?

EMPLEADO: —Sí, señorita. También hay una lista de restaurantes y lugares de interés. Aquí está.

TERESA: —Gracias. ¿Dónde puedo tomar un taxi?

EMPLEADO: —La segunda puerta a la derecha. También hay un autobús que la lleva al centro. Es ése.

Multiple-choice exercise

Circle the correct answer according to the dialogue.

1. (a) por la noche   (b) por la mañana   (c) por la tarde
2. (a) la oficina   (b) la cámara fotográfica   (c) las maletas
3. (a) a una oficina de turismo   (b) a una agencia de viajes   (c) al mercado
4. (a) cigarrillos   (b) objetos de oro y plata   (c) información
5. (a) cuartos libres   (b) hoteles y pensiones   (c) baños privados
6. (a) al registro   (b) a la habitación   (c) al centro

II. PRONUNCIATION

A. The sound of the Spanish *g*

When you hear the number, read the corresponding sentence aloud.

1. Gerardo le da el registro al agente.
2. El general y el ingeniero recogieron la ginebra.
3. Gines gestionó la gira a la Argentina.

173

B. **The sound of the Spanish *j***

When you hear the number, read the corresponding sentence aloud.

1. Julia juega con Josefina en junio.
2. Juan Juárez trajo los juguetes de Jaime.
3. Esos jugadores jamás jugaron en Jalisco.

C. **The sound of the Spanish *h***

When you hear the number, read the corresponding sentence aloud.

1. Hay habitaciones hasta en los hoteles.
2. Hernando Hurtado habla con su hermano.
3. La hermosa Hortensia habla con Hugo en el hospital.

III. GRAMMATICAL STRUCTURE EXERCISES

A. *Change each sentence, using the verb provided.*

Modelo: No tenemos trabajo. (conseguir)
        No conseguimos trabajo.

B. *Repeat each sentence, replacing the direct object with the appropriate pronoun.*

Modelo: Compro *las toallas.*
        Las compro.

1. Necesito *jabón.*
2. El cuarto tiene *baño privado.*
3. Aceptan *cheques de viajero.*
4. Llevamos *las tarjetas de turista.*
5. El hotel no tiene *ascensor.*
6. Van a dar *una lista.*   (*two forms*)
7. Pido *la habitación interior.*
8. No tengo *habitaciones sencillas.*
9. Debe abrir *el restaurante.*

C. *Answer each question, replacing the direct object with the appropriate pronoun.*

Modelos: 1. –¿Llevas a Roberto?
              –*Sí,* **lo** *llevo.*

        2. –¿Vas a visitar a María?
              –*No, no voy a visitar****la****.*

D. *Answer each of the following questions in the negative.*

E. *Answer each of the following questions using the verb* **preferir** *and the equivalent of "that one" or "those over there" in your response.*

Modelo: ¿Quieres *esta* lista o *ésa?*
        Prefiero aquélla.

F. *Answer each question, using the expression* **acabar de.**

Modelo: ¿Ya tomaste el desayuno?
        Sí, acabo de tomarlo.

174

IV. LISTENING AND WRITING DRILL

Dictation

1. ....

2. ....

   ....

3. ....

4. ....

   ....

5. ....

Lección 7

I. DIALOGUE

Part of the dialogue will be read for student repetition.

LIDIA: —¿A dónde vamos?

JORGE: —Vamos a tomar un taxi.

LIDIA: —¡Qué sorpresa! ¡Éste es el restaurante que más me gusta!

MOZO: —Por aquí, por favor. Aquí está el menú.

LIDIA: —Gracias. Bistec, cordero asado con puré de papas, pavo relleno, camarones...

JORGE: —¿No te gusta la langosta? Es muy sabrosa. ¿O un filete? Aquí preparan platos muy ricos.

LIDIA: —¡Ay! ¡No sé qué pedir!

MOZO: —Quiero recomendarles la especialidad de la casa: lechón asado y arroz con frijoles. De postre, helado, flan con crema o torta helada.

JORGE: —Bueno, yo quiero helado. ¿Y tú?

LIDIA: —Yo quiero sopa, pollo y ensalada.

MOZO: —¿Y para tomar?

JORGE: —Primero un vermut y después una botella de vino tinto.

MOZO: —Muy bien, señor.

True-false exercise

Circle V for verdadero or F for falso after each statement.

1. V F   5. V F
2. V F   6. V F
3. V F   7. V F
4. V F   8. V F

II. PRONUNCIATION

A. The sound of the Spanish *ll*

When you hear the number, read the corresponding sentence aloud.

1. Allende lleva la silla amarilla.
2. Las huellas de las llamas llegan a la calle.
3. Lleva la llave, los cigarrillos y las botellas.

B. The sound of the Spanish ñ

When you hear the number, read the corresponding sentence aloud.

1. La señorita Muñoz le da una muñeca a la niña.
2. La señora española añade vino añejo.
3. Toño tiñe el pañuelo del niño.

III. GRAMMATICAL STRUCTURE EXERCISES

A. *Combine each pair, using the appropriate form of the verbs* **ser** *or* **estar**.

Modelo: mis padres / de México
Mis padres son de México.

B. *Answer each of the following questions in the affirmative.*

C. *Repeat each sentence, then substitute the new indirect object pronouns in the sentence.*

1. Pedro *me* trae los discos.
(nos / les / te / le)

2. Van a pedir*te* cien pesos.
(me / nos / les / le)

3. Está escribiéndo*te* una carta.
(nos / le / me / les)

D. *Respond in complete sentences, using the cues provided.*

Modelo: ¿Qué me traes? (un libro)
Te traigo un libro.

1. un pasaje   4. las cintas
2. la hora   5. las cartas
3. dinero

IV. LISTENING AND WRITING DRILL

Dictation

1. ....
2. ....
3. ....
4. ....
5. ....

Lección
8

Name ....

Section ....

Date ....

I. DIALOGUES

Part of the dialogues will be read with pauses for student repetition:

JULIA: —Dígame, señor, ¿dónde queda la oficina de correos?

SR. GÓMEZ: —Está a cinco cuadras de aquí.

JULIA: —Es que… soy extranjera y no conozco las calles.

SR. GÓMEZ: —¡Ah!, siga derecho por esta calle hasta llegar a Cuatro Caminos.

JULIA: —¿Cuántas cuadras?

SR. GÓMEZ: —Dos. Después doble a la derecha, en la calle Bravo Murillo.

JULIA: —¿La oficina de correos está en esa calle?

SR. GÓMEZ: —Sí, ahí mismo. Es un edificio antiguo y está frente a la estación del metro.

JULIA: —Perdón. Quiero retirar un paquete. Mi nombre es Julia Reyes.

EMPLEADO: —Un momento. Creo que éste es el suyo. Viene de Honduras.

JULIA: —Sí, es mío. Me lo mandan mis padres.

EMPLEADO: —¿Algo más?

JULIA: —¿Dónde puedo comprar sellos?

EMPLEADO: —Vaya a la ventanilla número dos, a la izquierda.

Question-answer exercise

Circle the correct answer according to the dialogue.

1. (a) a la oficina de turismo   (b) a la oficina de correos
2. (a) extranjera   (b) española
3. (a) a la derecha   (b) a la izquierda
4. (a) moderno   (b) antiguo
5. (a) un paquete   (b) una carta

II. PRONUNCIATION

A. The sound of the Spanish *l*

When you hear the number, read the corresponding sentence aloud.

1. Aníbal habla español con Isabel.

179

2. El coronel Maldonado asaltó con mil soldados.
3. El libro de Ángel está en el laboratorio.

B. The sound of the Spanish *r*

When you hear the number, read the corresponding sentence aloud.

1. Es preferible esperar hasta enero.
2. Carolina quiere estudiar con Darío ahora.
3. Aurora y Mirta son extranjeras.

C. The sound of the Spanish *rr*

When you hear the number, read the corresponding sentence aloud.

1. El perro corrió en el barro.
2. Los carros del ferrocarril parecen cigarros.
3. Roberto y Rita recorren los terribles cerros.

D. The sound of the Spanish *z*

When you hear the number, read the corresponding sentence aloud.

1. Zulema y el Zorro me dieron una paliza.
2. ¡Zas! El zonzo Pérez fue al zoológico.
3. La tiza y la taza están en el zapato.

III. GRAMMATICAL STRUCTURE EXERCISES

A. *Answer the following questions in the affirmative.*

Modelo: ¿Este libro es tuyo?
    Sí, es mío.

B. *Repeat each sentence, changing the direct object to the corresponding direct object pronoun. Make all the necessary changes in the sentence.*

Modelo: *Le* traen la carpeta.
    Se la traen.

C. *Answer the following questions, using direct and indirect object pronouns.*

Modelo: ¿Quién te manda el paquete?   (mi hijo)
    Me lo manda mi hijo.

1. ¿Quién te da el dinero?
2. ¿Quién les envía las tarjetas a Uds.?
3. ¿A quién le das la llave?
4. ¿A quién le dan ellos los pasajes?
5. ¿A quién le traen Uds. los discos?
6. ¿A quiénes les da él el vino?

D. *Change each statement to a direct command.*

Modelo: Ud. tiene que estudiar la lección.
    Estudie la lección.

E. *Answer each question with an affirmative command, using the cue words provided.*

    Modelo: ¿Traemos el helado? (la torta)
          No, traigan la torta.

    1. (el postre)   2. (el lechón asado)   3. (el tenedor)   4. (abajo)   5. (que no)

F. *Answer the following questions in the affirmative or in the negative.*

    Modelos: ¿Mando el giro postal? (sí)
           Sí, mándelo.

             ¿Sirvo el vermut? (no)
           No, no lo sirva.

IV. LISTENING AND WRITING DRILL

Dictation

1. ....

2. ....

3. ....

4. ....

5. ....

Lección 9

I. DIALOGUES

Part of the dialogues will be read for student repetition.

CARLOS: —Ya barrí la cocina, le pasé la aspiradora a la alfombra y limpié el baño.

ISABEL: —Yo cociné y planché mi vestido rojo para esta noche.

CARLOS: —¡Ah!, ahora que me acuerdo, ¿fuiste al mercado?

ISABEL: —No, no me diste el dinero. Yo compré el regalo para Elena anoche.

CARLOS: —¡Ah, sí! Ayer fue su cumpleaños, ¿no? ¿Recibió la tarjeta de mamá?

ISABEL: —Sí. Oye, querido, ¿por qué no te afeitas mientras yo baño al perro?

CARLOS: —Buena idea. Yo tengo turno en la barbería para las tres y ya son las dos.

BARBERO: —Siéntese aquí, por favor... ¿Le corto un poco a los costados?

CARLOS: —Sí, pero deje la patilla como está.

BARBERO: —Tiene un poco de caspa. Puede usar el champú «Irresistible», que es especial para eso.

True-false exercise

*Circle V for **verdadero** or F for **falso** after each statement.*

1. V   F   5. V   F
2. V   F   6. V   F
3. V   F   7. V.   F
4. V   F   8. V   F

II. PRONUNCIATION: Intonation

A. Normal statements

Repeat each sentence, imitating the speaker's intonation.

1. Yo compré el regalo para Elena.
2. Mario tiene listo el equipaje.
3. Yo tengo turno en la barbería.
4. Necesitamos el dinero para el pasaje.
5. Yo pienso aprender japonés este verano.

B. Information questions

Repeat each question, imitating the speaker's intonation.

1. ¿Cómo está tu hermano?
2. ¿Por qué no fuiste con nosotros?
3. ¿Cuánto tiempo hace que no comes?
4. ¿Dónde pasaron el verano?
5. ¿Cuántos años hace que estudias?

C. *Yes/no* questions

Repeat each question, imitating the speaker's intonation.

1. ¿Fuiste al mercado ayer?
2. ¿Tienes listo el equipaje?
3. ¿Le diste el regalo a Elena?
4. ¿Tienes turno para la peluquería?
5. ¿Necesitas dinero para el pasaje?

D. Exclamations

Repeat each exclamation after the speaker.

1. ¡Qué bonita es esa alfombra!
2. ¡No compré el regalo para Elena!
3. ¡Qué bueno es este champú!
4. ¡Cuánto te quiero!

III. GRAMMATICAL STRUCTURE EXERCISES

A. *Answer each question, changing the verbs to the preterit.*

> **Modelo:** –¿No vas a estudiar?
> –Ya estudié.

B. *Change the verbs according to the new subjects.*

1. No fui *yo*.
   (tú / Roberto / nosotros / Uds.)

2. *Yo* le di el regalo.
   (Tú / Nosotros / Los profesores / Papá)

3. *Gustavo* fue a clase.
   (Yo / Ellos / Nosotros / Tú)

C. *Repeat each sentence, using the new subject provided and the corresponding reflexive pronoun.*

> **Modelo:** Julio se levantó temprano.   (Yo)
> *Yo me levanté temprano.*

1. (nosotros)	4. (Uds.)
2. (Víctor)	5. (yo)
3. (tú)	6. (Ud.)

D. *Change each adjective to its corresponding adverb.*

E. *Answer all questions in the affirmative.*

IV. LISTENING AND WRITING DRILL

Dictation

1. ....

2. ....

3. ....

4. ....

5. ....

6. ....

Name ....

Section ....

Date ....

I. DIALOGUE

Part of the dialogue will be read with pauses for student repetition.

TOMÁS: –¡Roberto! ¿Qué tal? ¿Cuándo llegaste?

ROBERTO: –Llegué esta mañana. ¿Por qué no viniste con nosotros? ¡Nos divertimos muchísimo!

TOMÁS: –¡Porque no pude! Tú sabes que empecé a trabajar la semana pasada. ¿Fueron todos a la montaña?

ROBERTO: –No, Pablo pasó toda la mañana en la cabaña y por la tarde fue a montar a caballo.

TOMÁS: –¿No fueron de pesca? ¡Supongo que llevaste tu caña de pescar!

ROBERTO: –¡Por supuesto! ¡Y pesqué una trucha enorme!

TOMÁS: –Pues a mí me dijeron que tú pescaste la más pequeña…

ROBERTO: –Te mintieron. Todos pudimos cenar con la trucha que pesqué.

TOMÁS: –¿Cómo estuvo el tiempo?

ROBERTO: –Por suerte estuvo magnífico.

TOMÁS: –¿Durmieron afuera o adentro?

ROBERTO: –Todos dormimos afuera en nuestras bolsas de dormir.

TOMÁS: –La próxima vez voy con Uds.

ROBERTO: –Sí, pero vamos a ir en invierno para poder esquiar.

Multiple-choice exercise

Circle the correct answer according to the dialogue.

1. (a) esta noche   (b) esta tarde   (c) esta mañana
2. (a) fue a la playa   (b) empezó a trabajar el sábado   (c) fue a una fiesta
3. (a) en la cabaña   (b) en la oficina de correos   (c) en el hotel
4. (a) el traje de baño   (b) la caña de pescar   (c) la tienda de campaña
5. (a) muy pequeña   (b) muy alta   (c) enorme
6. (a) almorzar   (b) cenar   (c) bailar
7. (a) adentro   (b) afuera   (c) en el hotel
8. (a) malo   (b) bueno   (c) magnífico

II. GRAMMATICAL STRUCTURE EXERCISES

A. Change each sentence from the present tense to the preterit.

> *Modelo:* No vengo.
> *No vine.*

187

B. *Answer the following questions saying that **you** did the things mentioned each time.*

> **Modelo:** ¿Quién *sacó* la alfombra?
> *La saqué yo.*

1. ¿Quién *buscó* las plumas?
2. ¿Quién *pescó* esa trucha?
3. ¿Quién *pagó* el hotel?
4. ¿Quién *apagó* el motor?
5. ¿Quién *empezó* la tarea?
6. ¿Quién *comenzó* la clase?
7. ¿Quién *tocó* el piano?
8. ¿Quién *sacó* el dinero?

C. *Answer the following questions in the negative, adding that **she** (or **they**) did the thing about which you are being asked.*

> **Modelo:** Tú lo *pediste*, ¿no?
> *No, yo no lo pedí. Lo pidió ella.*

1. Tú lo *conseguiste*, ¿no?
2. Tú la *serviste*, ¿no?
3. Tú lo *repetiste*, ¿no?
4. Tú los *seguiste*, ¿no?

> **Modelo:** Uds. *pidieron* la bolsa de dormir, ¿no?
> *No, nosotros no la pedimos. La pidieron ellos.*

1. Uds. *sirvieron* la cena, ¿no?
2. Uds. *repitieron* la lección, ¿no?
3. Uds. *siguieron* al viajero, ¿no?
4. Uds. *consiguieron* los caballos, ¿no?

D. *Repeat each of the following statements, using the cue words and making any necessary changes. Notice the use of **para** or **por**.*

> **Modelo:** Ellos caminan *por* el centro.   (la calle)
> *Ellos caminan por la calle.*

1. (La Habana)
2. (trabajo)
3. (avión)
4. (ella)
5. (viaje)
6. (vermut)
7. (médico)
8. (una semana)
9. (Isabel)
10. (pavo)
11. (el profesor)
12. (silla)
13. (almorzar)
14. (nosotros)
15. (el hotel)

III.   LISTENING AND WRITING DRILL

Dictation

1. ....

2. ....

3. ....

4. ....

5. ....

6. ....

Review Section: Lecciones 6–10

Answer each question, using the cues provided below.

1. champán
2. sí
3. nada
4. sí
5. yo
6. a nadie
7. no, cheques de viajero
8. en la oficina de turismo
9. sí
10. México
11. arroz con pollo
12. con Carlos
13. no
14. el flan
15. no
16. vino tinto
17. el postre
18. la langosta
19. verdes
20. sí
21. no
22. no, leche fría
23. cuatro meses
24. en la oficina de correos
25. sí
26. sentado
27. a nadie
28. las siete
29. una máquina de afeitar
30. sí
31. a la peluquería
32. sí
33. el barbero
34. el doctor Pérez
35. a las once
36. ayer
37. en la montaña
38. una trucha enorme
39. ellos
40. Carlos
41. yo
42. la cabaña
43. por el tráfico
44. Raúl
45. por avión

Name ....

Section ....

Date ....

I. DIALOGUE

Part of the dialogue will be read with pauses for student repetition.

SANDRA: —Acabo de hablar con mi consejero. Me dijo que tenía que tomar química.

JAVIER: —Yo ya tomé todos los requisitos, excepto matemáticas.

SANDRA: —¿Cuánto tiempo hacía que estudiabas en la Florida cuando viniste aquí?

JAVIER: —Dos años. Allí tomé cursos de sicología, inglés, sociología y literatura.

SANDRA: —¿Asistías a la universidad cuando vivías en Cuba?

JAVIER: —No, yo era muy pequeño cuando vinimos a los Estados Unidos.

SANDRA: —¿Cuál es tu especialización?

JAVIER: —No estoy seguro todavía, pero me gusta la educación física.

SANDRA: —¿Juegas al fútbol?

JAVIER: —Este semestre no tengo tiempo. Tengo varias asignaturas muy difíciles.

SANDRA: —Cuando yo estaba en la escuela secundaria iba a todos los partidos de fútbol.

JAVIER: —Oye, ¿estudiamos juntos en la biblioteca esta tarde?

SANDRA: —No puedo. Tengo que ir a pagar la matrícula.

True-false exercise

*Circle V for **verdadero** or F for **falso** after each statement.*

1. V F   6. V F
2. V F   7. V F
3. V F   8. V F
4. V F   9. V F
5. V F   10. V F

II. GRAMMATICAL STRUCTURE EXERCISES

A. *Repeat each sentence, changing the verbs to the imperfect tense.*

B. *Change the verbs according to the new subjects.*

1. Cuando *yo* era niño, no sabía nadar.
   (tú / él / mi hermano y yo / Alicia y Julia)

2. *Nosotros* siempre los veíamos en marzo.
   (Federico / Yo / Uds. / Tú)

3. *Ellos* iban de vacaciones en mayo.
   (Yo / Tú / Ud. / Nosotros / Él y ella)

C. *Provide the question that elicits each statement as a response, using* **qué** *or* **cuál,** *as appropriate.*

> ***Modelo:*** Mi dirección es calle Libertad, número ciento veinte.
> 　　　　*¿Cuál es su dirección?*

D. *Answer each question, using the cue provided below.*

　　1. quince minutos　　　　4. una semana
　　2. media hora　　　　　　5. un año
　　3. dos horas　　　　　　　6. tres días

III.　LISTENING AND WRITING DRILL

Dictation

1. ....

2. ....

3. ....

4. ....

5. ....

6. ....

Lección 12

I. DIALOGUE

Part of the dialogue will be read with pauses for student repetition.

DOCTOR: —¿Hace mucho que tiene esos dolores de cabeza y esos mareos?

SEÑORA: —Me empezaron hace dos semanas. Pero cuando era chica, tomaba aspirina todos los días porque siempre me dolía la cabeza.

DOCTOR: —¿Hay alguna persona diabética en su familia?

SEÑORA: —Sí, mi papá es diabético. Además, sufre del corazón.

DOCTOR: —¿La operaron alguna vez?

SEÑORA: —Sí, me operaron de apendicitis cuando tenía veinte años.

DOCTOR: —¿Es Ud. alérgica a alguna medicina?

SEÑORA: —Sí, soy alérgica a la penicilina.

DOCTOR: —¿Qué enfermedades tuvo cuando era niña?

SEÑORA: —Creo que las tuve todas porque siempre estaba enferma.

DOCTOR: —¿Está Ud. embarazada?

SEÑORA: —No, doctor.

DOCTOR: —Bueno. Vamos a hacerle unos análisis.

SEÑORA: —Y para los mareos, doctor, ¿va a recetarme alguna medicina?

DOCTOR: —Sí, voy a darle esta receta.

Question-answer exercisé

Circle the correct answer according to the dialogue.

1. (a) dolores de cabeza   (b) dolores de espalda
2. (a) hace tres meses   (b) hace dos semanas
3. (a) sufre del corazón   (b) sufre del estómago
4. (a) cuando tenía veinte años   (b) cuando tenía tres años
5. (a) a la aspirina   (b) a la penicilina
6. (a) si está embarazada   (b) si está cansada
7. (a) unos análisis   (b) una radiografía
8. (a) para los mareos   (b) para los dolores de cabeza

II. GRAMMATICAL STRUCTURE EXERCISES

A. *Answer each question with either the preterit or the imperfect tense and the cue words provided.*

Modelo: ¿Qué hora era?   (las ocho)
  Eran las ocho.

B. *Answer the following questions, using the model as a guide.*

Modelos: 1. ¿No conocías al doctor Rodríguez?
  No, lo conocí esta mañana.

2. ¿Sabían Uds. que él era casado?
  Lo supimos anoche.

3. ¿No dijiste que podías venir?
  Sí, pero no pude.

C. *Change the verbs in the following sentences from the imperfect to the past progressive.*

Modelo: Hablaban del accidente.
  Estaban hablando del accidente.

D. *Answer each question using the cues provided below.*

1. veinte minutos   2. tres semanas   3. un mes   4. una hora   5. dos años

E. *Circle the correct answer.*

1. a) Hacía frío.   b) Hacía calor.
2. a) Hacía sol.   b) Había niebla.
3. a) Hacía mucho frío.   b) Hacía mucho calor.
4. a) Está lloviendo.   b) Hace viento.
5. a) Ayer nevó.   b) Ayer lloviznó.

III. LISTENING AND WRITING DRILL

Dictation

1. ....

2. ....

3. ....

4. ....

5. ....

6. ....

Lección 13

Name ....

Section ....

Date ....

I. DIALOGUES

Part of the dialogues will be read with pauses for student repetition.

ANITA: –¿Cuánto cuesta esa blusa anaranjada?

DEPENDIENTA: –Ochocientos pesos. ¿Qué talla usa Ud.?

ANITA: –Uso talla treinta y ocho. ¿Puedo probármela?

DEPENDIENTA: –Sí, el probador está a su izquierda.

ANITA: –También voy a probarme esta falda negra.

DEPENDIENTA: –Ah, sí. Este modelo está de moda ahora.

DEPENDIENTE: –Tengo estas sandalias rojas. ¿Qué número calza Ud.?

ANITA: –Yo calzo el treinta y seis.

DEPENDIENTE: –Tome asiento, por favor.

ANITA: –Me aprietan un poco, pero me las llevo.

DEPENDIENTE: –¿Se las envuelvo, o quiere llevárselas puestas?

ANITA: –Envuélvamelas, por favor.

Question-answer exercise

Circle the correct answer according to the dialogue.

1. a) en el departamento de ropa para señoras   b) en el departamento de ropa para caballeros
2. a) amarilla   b) anaranjada
3. a) treinta y ocho   b) veintiocho
4. a) a la izquierda   b) a la derecha
5. a) una falda   b) un vestido
6. a) el treinta y seis   b) el cuarenta y seis
7. a) le quedan bien   b) le aprietan un poco
8. a) las compra   b) no las compra

II. GRAMMATICAL STRUCTURE EXERCISES

A. Give the corresponding past participle after each verb.

Modelo: hablar
hablado

197

B. *Change the verbs according to the new subjects.*

   1. *El dependiente* ha terminado el trabajo.
     (Nosotros / Tú / Él y ella / Ud.)

   2. *Nosotros* hemos pedido turno.
     (Tú / Carlos / Las chicas / Yo)

C. *Change each verb to the present perfect tense.*

   Modelo: Yo hablo con ella.
            Yo he hablado con ella.

D. *Change the verbs according to the new subjects.*

   1. *Tú* no habías visto el programa.
     (Yo / El doctor / Nosotros / Uds.)

   2. *Él* no le había escrito.
     (Yo / Ellas / Nosotros / Tú / Ud.)

E. *Change the verb in each sentence to the past perfect tense.*

   Modelo: Ella no se fue.
            Ella no se había ido.

F. *Answer each question, using the past participle as an adjective.*

   Modelo: ¿Terminaste la lección?
            Sí, la lección ya está terminada.

III. LISTENING AND WRITING DRILL

Dictation

1. ....

2. ....

3. ....

4. ....

5. ....

Lección 14

Name ....

Section ....

Date ....

I. DIALOGUES

Part of the dialogues will be read with pauses for student repetition.

GLORIA: —¡Estás manejando muy rápido! La velocidad máxima es de noventa kilómetros por hora. ¡Te van a poner una multa!

JULIO: —¿Dónde estaremos? ¿Tú tienes el mapa?

GLORIA: —Está en el portaguantes, pero según ese letrero estamos a cuarenta kilómetros de San José.

JULIO: —¿Habrá una gasolinera cerca? El tanque está casi vacío.

GLORIA: —Yo creo que tendrás que esperar hasta llegar a San José. ¡Ah, no! Allí hay una.

JULIO: —Llene el tanque, por favor. ¿Podría revisar el aceite y ponerle agua al acumulador?

EMPLEADO: —Sí, señor.

JULIO: —Ayer tuve un pinchazo y el mecánico me dijo que necesitaba neumáticos nuevos...

EMPLEADO: —Sí, yo los cambiaría.

GLORIA: —¡Caramba! También dijo que tendrías que arreglar los frenos e instalar una nueva bomba de agua.

JULIO: —Haremos todo eso en San José.

Multiple-choice exercise

Circle the correct answer according to the dialogue.

1. a) 120 kilómetros por hora   b) noventa kilómetros por día   c) noventa kilómetros por hora
2. a) una inyección   b) una multa   c) un vestido
3. a) en la llanta   b) en el letrero   c) en el portaguantes
4. a) lleno   b) vacío   c) pinchado
5. a) el portaguantes   b) la bomba de agua   c) el acumulador
6. a) neumáticos nuevos   b) limpiaparabrisas nuevos   c) un coche nuevo
7. a) el silenciador   b) la grúa   c) los frenos

II. GRAMMATICAL STRUCTURE EXERCISES

A. Change the verbs according to the new subjects.

1. *Nosotros* arreglaremos el coche.
   (Tú / El mecánico / Yo / Ellos)

199

2. ¿Volverán pronto *ellos?*
   (tú / nosotros / la señorita / yo / Uds.)

B. *Change the verb in each sentence to the future tense.*

Modelo: Ellos quieren venir.
Ellos querrán venir.

C. *Answer the following questions in the affirmative.*

D. *Answer each question with the future tense. Begin your response with **No sé** and use the cue words provided below.*

Modelo: ¿Dónde está la cocinera?   (en la cocina)
No sé. Estará en la cocina.

1. unos veinte   2. las seis   3. durmiendo   4. coches viejos   5. el sábado
6. cinco mil dólares

E. *Repeat each sentence, then substitute the new subject. Be sure the verb agrees with the new subject.*

1. *Yo* trabajaría aquí.
   (Paco y yo / Tú / Ellos / Ud.)

2. ¿Lo recibirían *ellos?*
   (yo / *Julia* / *nosotros* / *tú* / *ellos*)

F. *Change the verb in each sentence to the conditional tense.*

G. *Answer each question, always selecting the second alternative.*

Modelo: ¿Comprarías un coche o una casa?
Compraría una casa.

H. *Answer the following questions with the conditional tense and the cue words provided below.*

Modelo: ¿Cuántos coches había en la gasolinera?   (unos quince)
Habría unos quince.

1. unos seis o siete   4. hablando por teléfono
2. con su novio   5. comprar aceite
3. como las cuatro   6. estar enferma

III. LISTENING AND WRITING DRILL

Dictation

1. ....

2. ....

3. ....

4. ....

5. ....

200

Lección 15

Name ....

Section ....

Date ....

I. DIALOGUES

Part of the dialogues will be read with pauses for student repetition.

OSCAR: –Necesitamos mantequilla, leche, una docena de huevos, pan, azúcar...

JORGE: –¿No vas a comprar carne?

OSCAR: –Sí; carne, pescado y pollo. También dos latas de frijoles y una de salsa de tomate.

JORGE: –De haber sabido que ibas a invitar a las chicas, habría limpiado el apartamento.

OSCAR: –Tú siempre te preocupas demasiado. A ver... necesitamos manzanas, uvas, naranjas, melón y peras para la ensalada de frutas...

JORGE: –¿Dónde están las verduras? Tenemos que comprar lechuga, tomates, papas, zanahorias y cebollas.

OSCAR: –¡Caramba! Esto va a costar una fortuna. Tendremos que ponernos a dieta.

OSCAR: –Dicen que esta película es magnífica.

ADELA: –Sí, ganó el primer premio en el Festival de Cannes.

ELSA: –Es un drama, ¿verdad? De haberlo sabido, no habría venido. Prefiero las comedias.

True-false exercise

*Circle V for **verdadero** or F for **falso** after each statement.*

1. V	F	6. V	F
2. V	F	7. V	F
3. V	F	8. V	F
4. V	F	9. V	F
5. V	F	10. V	F

II. GRAMMATICAL STRUCTURE EXERCISES

A. *Answer each of the following questions in the affirmative.*

B. *Repeat each sentence, then substitute the new subject. Be sure the verb agrees with the new subject.*

1. *Yo* me habría puesto a dieta.
   (Tú / Él / Nosotros / Ellos / Ud.)

2. *Ella* lo habría roto.
   (Ana y Juan / Tú y yo / Yo / Ud. / Uds.)

201

C. *Reply to the following statements with the conditional perfect and the cue words provided.*

Modelo: Ella todavía no alquiló la cabaña.   (nosotros)
¡Pues nosotros ya la habríamos alquilado!

1. mamá   2. ellos   3. nosotros   4. yo   5. tú   6. Uds.

Modelo: –Luis no entendió nada.   (tú)
–¡Tú tampoco habrías entendido nada!

1. Nosotros   2. Yo   3. Tú   4. Ella   5. Uds.   6. Ud.

D. *Answer each question in the affirmative, omitting all subject pronouns.*

E. *Answer each question with the cue words provided.*

1. español   2. a las nueve   3. el pelo corto   4. en el mercado   5. en California
6. español   7. inglés   8. a las seis

III.   LISTENING AND WRITING DRILL

Dictation

1. ....

2. ....

3. ....

4. ....

5. ....

Review Section: Lecciones 11–15

Answer each question with the cues provided below.

1. no
2. un semestre
3. en Cuba
4. la educación física
5. sí, siempre
6. sí
7. la historia
8. María
9. no
10. las ocho
11. no
12. no
13. en septiembre
14. hace dos años
15. tomo aspirinas
16. a la biblioteca
17. leyendo
18. llovía a cántaros
19. no, nunca
20. sí
21. en la planta baja
22. en el probador
23. mucha ropa

24. sí
25. en la maleta
26. sí
27. sí
28. de cincuenta y cinco millas por hora
29. unos treinta mil dólares
30. no
31. el mes que viene
32. un motor nuevo
33. en el maletero
34. las dos de la mañana
35. estacionar el coche
36. llamar una grúa
37. a las ocho
38. carne
39. ponerte a dieta
40. no
41. sí
42. sí
43. sí
44. no
45. a las nueve de la noche

Lección 16

Name ....

Section ....

Date ....

I. DIALOGUES

Part of the dialogues will be read with pauses for student repetition.

CLIENTE: —Quiero cobrar este cheque. Déme cien dólares en efectivo. Voy a depositar el resto en mi cuenta corriente.

EMPLEADO: —Necesito que me dé el número de su cuenta o un modelo de depósito.

CLIENTE: —Lo siento, pero no traje el talonario de cheques y no sé cuál es el número de mi cuenta.

EMPLEADO: —No importa. Yo lo busco.

CLIENTE: —Necesito cheques de viajero. ¿Son gratis?

EMPLEADO: —Sí, si Ud. tiene un saldo de más de dos mil dólares en su cuenta.

CLIENTE: —Muy bien. Déme diez cheques de veinte dólares. ¡Ah! Quiero sacar unos papeles de mi caja de seguridad.

EMPLEADO: —Para eso tiene que ir a la ventanilla número siete... No, perdón... no es la siete sino la seis.

SR. RIVAS: —Espero que nos den el préstamo.

SRA. RIVAS: —Temo que no nos lo den porque no tenemos ninguna propiedad personal.

SR. RIVAS: —Pero no tenemos deudas, excepto la hipoteca de la casa.

SRA. RIVAS: —Bueno, ¿por qué no llenas la solicitud ahora?

Multiple-choice exercise

Circle the correct answer according to the dialogue.

1. (a) abrir una cuenta   (b) cobrar un cheque   (c) firmar una tarjeta
2. (a) del teléfono   (b) de la tarjeta   (c) de la cuenta
3. (a) el talonario de cheques   (b) la libreta de ahorros   (c) la hipoteca de la casa
4. (a) quinientos dólares   (b) cien dólares   (c) dos mil dólares
5. (a) de la cuenta conjunta   (b) de la caja de seguridad   (c) del maletero
6. (a) comprar una casa   (b) comprar un coche   (c) pagar la hipoteca
7. (a) el coche   (b) las tarjetas de crédito   (c) la hipoteca de la casa

II. GRAMMATICAL STRUCTURE EXERCISES

A. *Change the following verbs to the subjunctive, using the subject given by the speaker.*

> **Modelo:** caminar / que yo
> *que yo camine*

B. *Answer each question in the present subjunctive using the verb* **recomendar** *and the cue sentence provided by the speaker. Listen to the model.*

> **Modelo:** Yo no quiero comprarlo.
> *Pues le recomiendo que lo compre.*

C. *Answer each question with the cue word provided.*

> **Modelo:** ¿Qué quieres que yo haga?   (abrir una cuenta)
> *Quiero que abras una cuenta.*

> 1. al contado   2. español   3. al banco   4. la libreta de ahorros   5. un préstamo
> 6. mañana   7. un modelo de depósito   8. a las ocho

D. *Answer the following questions, according to the models. The speaker will verify your response. Repeat the correct response. Listen to the model.*

> **Modelos:** –¿A qué hora van a llegar los chicos?
> –No sé, pero espero que lleguen temprano.
>
> –¿Sabes que Horacio no viene hoy?
> –¡Pues me alegro de que no venga!

E. *Restate each of the following sentences, inserting the cue at the beginning and making any necessary changes.*

> **Modelo:** Rosa no tiene dinero para el billete.   (Temo)
> *Temo que Rosa no tenga dinero para el billete.*

> 1. Espero   2. Siento   3. Me alegro   4. Temo   5. Me alegro

F. *You will hear two parts of a sentence. Join them, using either* **sino** *or* **pero.**

> **Modelo:** No soy médico.   (abogado)
> *No soy médico sino abogado.*

III. LISTENING AND WRITING DRILL

Dictation

1. ....

2. ....

3. ....

4. ....

5. ....

Name ....

Section ....

Date ....

I. DIALOGUE

Part of the dialogue will be read with pauses for student repetition.

EMPLEADO: —¿En qué puedo servirles?

ALICIA: —¿Cuándo hay trenes para Sevilla?

EMPLEADO: —Hay dos trenes diarios: uno por la mañana y otro por la noche. El tren de la noche es el expreso.

ALICIA: —Saquemos pasajes para el expreso.

ROSA: —Bueno, pero entonces es mejor que reservemos literas.

ALICIA: —¿Tiene coche-cama el tren?

EMPLEADO: —Sí, señorita. Tiene coche-cama y coche-comedor.

ROSA: —Queremos dos literas, una alta y una baja.

EMPLEADO: —Dudo que haya literas bajas.

ALICIA: —Bueno Rosa, reservemos literas altas. Es mejor que dormir en el asiento.

EMPLEADO: —¿Quieren pasajes de ida o de ida y vuelta? El pasaje de ida y vuelta tiene una tarifa especial. Damos el veinte por ciento de descuento.

ROSA: —¿Por cuánto tiempo es válido el boleto de ida y vuelta?

EMPLEADO: —Por seis meses, señorita.

ROSA: —Bueno, déme dos pasajes de ida y vuelta para el sábado.

True-false exercise

*Circle V for **verdadero** or F for **falso** according to the dialogue.*

1. V   F   6. V   F
2. V   F   7. V   F
3. V   F   8. V   F
4. V   F   9. V   F
5. V   F   10. V   F

II. GRAMMATICAL STRUCTURE EXERCISES

A. *Change each statement, using the cues provided and the subjunctive to express doubt, disbelief, or denial.*

Modelo: Ése es el tren expreso.   (Dudo)

Dudo que ése sea el tren expreso.

1. No creo   2. No estoy seguro de que   3. No es verdad   4. Niego
5. Dudamos   6. No es cierto

207

B. *Change each statement, using the cues provided and the indicative to express certainty and belief.*

    Modelo: Dudo que el coche sea de cambios mecánicos.
            (Estoy seguro de que)
            Estoy seguro de que el coche es de cambios mecánicos.

    1. Es verdad   2. Creo   3. No niego   4. Es cierto   5. No dudo   6. Estoy seguro

C. *Restate each sentence, using the cue provided.*

    Modelo: Ellos pueden venir hoy.   (Es difícil)
            Es difícil que ellos puedan venir hoy.

    1. Puede ser   2. Es necesario   3. Es preferible   4. Es increíble
    5. Es probable   6. Es imposible   7. Ojalá   8. Es lástima

D. *Change each command to the first-person plural.*

    Modelo: Vamos a jugar.
            Juguemos.

E. *Respond to each suggestion, following the models.*

    Modelos: –¿Nos sentamos?
             –*Sí, sentémonos.*

             –¿Le damos el asiento?
             –*No, no se lo demos.*

F. *Change each statement, using the expression **volver a**.*

    Modelo: Ella habla otra vez.
            Ella vuelve a hablar.

III. LISTENING AND WRITING DRILL

Dictation

1. ....

2. ....

3. ....

4. ....

5. ....

Lección 18

Name ....

Section ....

Date ....

I. DIALOGUE

Part of the dialogue will be read with pauses for student repetition.

SR. CORTÉS: —El tipo de casa que queremos cuesta demasiado, y no creo que podamos conseguir
tanto dinero.

SRA. CORTÉS: —Es una lástima que no hayamos comprado la casa de la calle Tercera. ¡Era perfecta!

SR. CORTÉS: —Sí, y estoy seguro de que ahora valdrá muchísimo más.

SRA. CORTÉS: —En la oficina necesitan a alguien que haga traducciones. Voy a solicitar el puesto.

SR. CORTÉS: —¿Vas a trabajar tiempo completo en vez de medio día?

SRA. CORTÉS: —Sí, y en ese empleo voy a ganar mucho más.

SR. CORTÉS: —Los chicos y yo vamos a tener que ayudarte mucho más con los trabajos de la casa.

SRA. CORTÉS: —Estoy segura de que la casa tiene lavaplatos... Y Elenita y Roberto están aprendiendo
a cocinar...

SR. CORTÉS: —Oye, vamos a necesitar un refrigerador nuevo y algunos muebles cuando nos
mudemos.

SRA. CORTÉS: —Sí, y en cuanto reciba mi primer sueldo, voy a comprar una cama y un colchón, sábanas, toallas, cortinas, un sofá...

SR. CORTÉS: —¡Espera! ¡No hagas tantos planes! ¡Primero debes conseguir el empleo!

SRA. CORTÉS: —Tienes razón. Mañana, tan pronto como llegue la supervisora, voy a hablar con ella.

SR. CORTÉS: —Sí, date prisa antes de que le den el puesto a otra.

Question-answer exercise

Circle the correct answer according to the dialogue.

1. (a) es barata   (b) cuesta demasiado
2. (a) le gustaba la casa de la calle Tercera   (b) no le gustaba
3. (a) valdrá más   (b) valdrá menos
4. (a) sepa inglés   (b) haga traducciones
5. (a) va a trabajar tiempo completo   (b) va a trabajar medio día
6. (a) a lavar platos   (b) a cocinar
7. (a) un refrigerador nuevo   (b) un lavaplatos nuevo
8. (a) va a comprar muchas cosas   (b) no va a comprar nada

II. GRAMMATICAL STRUCTURE EXERCISES

A. *Answer each question with the cue words provided. Be sure to use the subjunctive in your answers.*

   Modelo: ¿Qué necesita?   (casa / ser cómoda)
   Necesito una casa que sea cómoda.

   1. casa / tener garaje   2. secretaria / hablar español   3. empleado / saber francés
   4. puesto / pagar bien   5. a alguien / poder arreglarlo

Now be sure to use the indicative in your answers.

   Modelo: ¿No hay nadie que sepa hablar inglés?   (chica)
   Sí, hay una chica que sabe hablarlo.

   1. muchas personas   2. señor   3. señora   4. estudiante   5. cliente

B. *Restate each sentence with the new beginning, making all the necessary changes.*

   Modelo: Me escribió cuando llegó.
   Me va a escribir cuando llegue.

C. *Answer in the affirmative, using the cue words provided.*

   Modelo: –¿Me vas a llevar al cine?   (no llover)
   –Sí, te voy a llevar con tal que no llueva.

   1. tener tiempo   2. tú / ayudar

Now answer the questions negatively.

   Modelo: –¿Van a terminar Uds. el trabajo?   (Uds. ayudar)
   –No podemos terminarlo sin que Uds. nos ayuden.

   1. dar el dinero   2. prestar el coche

D. *Answer each question, following the model below.*

   Modelo: –¿Piensas ir a la cabaña?   (llover)
   –Pienso ir a menos que llueva.

   1. hacer frío   2. estar enfermo

E. *Change the verb in each sentence to the present perfect subjunctive.*

   Modelo: Siento que estés enfermo.
   Siento que hayas estado enfermo.

F. *Answer each of the following questions, using the familiar **tú** command.*

   Modelo: ¿No vas a ir al baile?
   No, ve tú.

G. *Answer each of the questions, using the negative familiar command and the corresponding object pronoun.*

      Modelo: ¿Abro la puerta?
           No, no la abras.

III. LISTENING AND WRITING DRILL

Dictation

1. ....

2. ....

3. ....

4. ....

5. ....

6. ....

I. DIALOGUE

One of the dialogues will be read with pauses for student repetition.

DENTISTA: –Abra la boca, por favor. Hmm... Tiene la encía infectada. Siento que no hubiera venido antes, porque habríamos podido salvar esta muela.

EVA: –Es que temía que Ud. me dijera que tenía que extraerla.

DENTISTA: –Además tiene tres caries. Voy a empastarlas la semana próxima.

EVA: –También necesito una limpieza, ¿no? Y yo siempre me cepillo los dientes tres veces al día.

DENTISTA: –Sería mejor que usara también hilo dental para limpiarse entre los dientes.

EVA: –¿Va a sacarme la muela hoy? ¿Me va a doler?

DENTISTA: –No. Voy a darle anestesia.

DENTISTA: –Enjuáguese la boca. Si le duele mucho, tome dos aspirinas y póngase una bolsa de hielo.

EVA: –¿Tengo que volver la semana próxima?

DENTISTA: –Sí, pero ahora va a venir mi ayudante y le va a enseñar cómo debe cepillarse los dientes para limpiarlos bien.

True-false exercise

*Circle V for **verdadero** or F for **falso** according to the dialogue.*

1. V   F   6. V   F
2. V   F   7. V   F
3. V   F   8. V   F
4. V   F   9. V   F
5. V   F   10. V   F

II. GRAMMATICAL STRUCTURE EXERCISES

A. *Give the imperfect subjunctive form of each of the following verbs.*

Modelo: vivir–yo
          que yo viviera

1. hablar–yo   6. pedir–ella
2. comer–tú   7. estar–ellos
3. ir–él   8. salir–Ud.
4. saber–nosotros   9. traducir–tú
5. poner–yo   10. dormir–nosotros

B. *Answer each of the following questions according to the model.*

> *Modelo:* ¿Estudiaron los chicos la lección?
> *Sí, porque yo les pedí que la estudiaran.*

C. *Change each sentence to the past tense, using the imperfect subjunctive in the subordinate clause.*

> *Modelo:* Yo quiero que el dentista lo empaste.
> *Yo quería que el dentista lo empastara.*

D. *Change each sentence to the past tense, using the pluperfect subjunctive in the subordinate clause.*

> *Modelo:* Él se alegra de que ellos hayan llegado.
> *Él se alegró de que ellos hubieran llegado.*

E. *Answer each of the following questions, using the cue words provided.*

> *Modelo:* −¿Qué me sugieres que haga con la casa? (alquilarla)
> −*Te sugiero que la alquiles.*

1. dejarlo   2. venderlos   3. cambiarlos   4. mandarlos a la escuela   5. cortarlos

F. *Answer each question with the present perfect subjunctive and the expression **Es posible que**.*

> *Modelo:* ¿Sabes a qué hora regresa Amalia?
> *Es posible que ya haya regresado.*

III. LISTENING AND WRITING DRILLS

A. *After you hear each statement, circle **L** for logical or **I** for illogical.*

1. L I	7. L I
2. L I	8. L I
3. L I	9. L I
4. L I	10. L I
5. L I	11. L I
6. L I	12. L I

B. Dictation

1. ....

2. ....

3. ....

4. ....

5. ....

Name ....

Section ....

Date ....

I. DIALOGUE

Part of the dialogue will be read with pauses for student repetition.

JEFE DE PERSONAL: —¿Habla Ud. inglés, señorita Gómez?

SRTA. GÓMEZ: —Sí. Yo trabajaba para una compañía norteamericana y todas las transacciones eran hechas en inglés.

JEFE DE PERSONAL: —Me alegro. Si Ud. no hablara inglés, no podríamos emplearla pues algunas veces nuestros contadores deben viajar a los Estados Unidos.

SRTA. GÓMEZ: —No sólo hablo inglés. También hablo francés.

JEFE DE PERSONAL: —¡Muy bien! ¿Ha tenido Ud. mucha experiencia en trabajos administrativos?

SRTA. GÓMEZ: —Sí, en mi otro empleo estaba encargada de la sección de pagos, de modo que he tenido mucha experiencia en ese campo.

JEFE DE PERSONAL: —Si le diéramos el puesto, ¿cuándo podría empezar a trabajar?

SRTA. GÓMEZ: —Si pudiera empezar en junio, estaría muy bien …

JEFE DE PERSONAL: —Está bien. Yo creo que Ud. es la persona que necesitamos. Si el sueldo le conviene, el puesto es suyo.

Question-answer exercise

Circle the correct answer according to the dialogue.

1. (a) es muy eficiente   (b) es muy simpática
2. (a) para una compañía inglesa   (b) para una compañía norteamericana
3. (a) en inglés   (b) en español
4. (a) a los Estados Unidos   (b) a México
5. (a) habla sólo inglés   (b) también habla francés
6. (a) de la sección de personal   (b) de la sección de pagos
7. (a) mucha experiencia   (b) poca experiencia
8. (a) cuándo podría empezar a trabajar   (b) qué sueldo quiere
9. (a) en agosto   (b) en junio
10. (a) para el jefe de personal   (b) para la señorita Gómez

II. GRAMMATICAL STRUCTURE EXERCISES

A. *Answer each question, using the cue words provided. Note the uses of the conditional and the imperfect subjunctive.*

Modelo: ¿Por qué no vienes a verme?   (tener tiempo)
   Vendría si tuviera tiempo.

1. tener dinero   2. poder   3. conocerlo bien

Note the use of the indicative in the following exercise.

Modelo: ¿Van a venir Uds. mañana?   (tener tiempo)
   Bueno, si tenemos tiempo, vamos a venir.

1. tener dinero   2. terminar el trabajo   3. poder   4. encontrar uno barato

B. *Answer each question with the cue words provided. Note the use of the subjunctive and the use of the infinitive.*

Modelos: 1. ¿Qué quieres hacer tú?   (bailar)
      Quiero bailar.

   2. ¿Qué quieres que yo haga?   (bailar)
      Quiero que tú bailes.

1. darle el puesto   2. traer la máquina   3. estar aquí   4. poner un anuncio
5. ella ha estado enferma   6. solicitar el puesto   7. volver temprano
8. decirle la dirección

C. *Change each sentence, using the cue word provided. Note the use of the subjunctive and the use of the indicative.*

1. escribir   2. hablar   3. conocer   4. leer   5. saber   6. entrevistar   7. llamar

D. *Repeat each sentence, then substitute the new subject. Be sure the verb and the past participle agree with the subject.*

1. *Yo* fui muy bien recibido por él.
   (Nosotros / Tú / El secretario)

2. *Ella* ha sido elegida para el puesto.
   (Ellos / Yo / Tú)

3. *Ellos* no serán entrevistados por el jefe.
   (Ella / Tú / Nosotros / Yo)

E. *Answer the following questions in the affirmative with the passive voice.*

Modelo: ¿Es verdad que un francés fundó esa compañía?
   Sí, la compañía fue fundada por un francés.

Now answer in the negative.

Modelo: ¿Ya han llamado a los empleados?
   No, los empleados serán llamados mañana.

216

F. *Change the following statements to the passive voice.*

   Modelo: El hizo la traducción.
   La traducción fue hecha por él.

G. *You will hear some statements using the impersonal **they.** Change each statement to the impersonal reflexive construction.*

   Modelo: Dicen que el jefe está muy contento.
   Se dice que el jefe está muy contento.

H. *Answer each question with the cue word provided. Note the use of the reflexive construction.*

   Modelo: ¿Y qué pasó con el apartamento?   (ocupar)
   Se ocupó ayer.

   1. caer   2. escribir   3. enviar   4. terminar   5. romper

III. LISTENING AND WRITING DRILL

Dictation

1. ....

2. ....

   ....

3. ....

4. ....

5. ....

   ....

Review Section: Lecciones 16–20

Answer each question, using the cues provided below.

1. abrir una cuenta de ahorros
2. cheques de viajero
3. él está enfermo
4. que no les den el préstamo
5. al banco
6. firmar la tarjeta
7. el hotel
8. sacar el dinero
9. no perder el interés
10. en el coche comedor
11. es difícil
12. por seis meses
13. no es verdad
14. es difícil
15. el pasaje
16. ojalá que no
17. mañana
18. no creo
19. una secretaria que sepa francés
20. no
21. en cuanto llegue
22. no

23. tan pronto como tenga dinero
24. cuando consiga empleo
25. sí, Ana
26. no
27. salón de estar
28. dos aspirinas
29. lentes de contacto
30. unas gotas
31. darle anestesia
32. tres
33. dos
34. no, lentes de contacto
35. hilo dental
36. en la sala de espera
37. si lo solicita
38. los franceses
39. a las diez
40. en enero
41. si tenemos tiempo
42. iría a Europa
43. español
44. el jefe de personal
45. si fuera bilingüe

Answer
Keys

ANSWERS TO WORKBOOK EXERCISES

Introducción

A: 1. Buenos días   2. gracias – nada
3. ¿Cómo se llama usted?   4. luego (mañana)
5. Mucho gusto   6. – ....día es hoy? – Hoy es
7. está usted? – No muy   8. ¿Cuál es su número
de teléfono?   9. quiere decir – Quiere decir
10. se dice – me llamo

B: 1. seis, ocho, diez   2. nueve   3. siete,
nueve   4. diez

C: lunes martes miércoles jueves viernes
sábado   domingo

D: 1. verde   2. gris   3. rosado   4. anaranjado

E: 1. los relojes   2. la silla   3. el escritorio
4. la tiza   5. el borrador   6. el alumno
7. los cuadernos   8. los mapas   9. la pizarra
10. la profesora   11. la ventana   12. los lápices
13. la pluma   14. la puerta   15. los libros
(The order will not necessarily be the same.)

Lección 1

A: 1. yo   2. tú   3. nosotros   4. nosotras
5. él   6. ellos   7. ella   8. Ud.   9. Uds.
10. ellas

B: 1. nosotros estudiamos   2. tú necesitas
3. Uds. trabajan   4. yo hablo   5. ella estudia

C: 1. necesitan   2. desean   3. hablamos
4. llamo   5. trabajas   6. estudia

D: 1. los   2. la   3. la   4. el   5. los   6. la
7. las   8. el   9. la   10. los   11. el   12. la
13. las   14. la   15. la

E: 1. ¿Hablo yo español? Yo no hablo español.
2. Eva llama mañana. ¿Llama Eva mañana?
3. Está en el mercado. No está en el mercado.
4. Ellos desean trabajar. Ellos no desean trabajar.
5. Necesitas dinero. ¿Necesitas dinero?
6. ¿Trabajamos esta noche? No trabajamos esta
noche.   7. ¿Él habla español muy bien? Él no
habla español muy bien.   8. Uds. estudian inglés.
Uds. no estudian inglés.   9. Los profesores
trabajan. ¿Trabajan los profesores?
10. ¿Necesitamos nosotros trabajo? Nosotros no
necesitamos trabajo.

F: 1. (*Al teléfono*) –Hola. ¿Está Ana? –Sí. Un
momento, por favor.   2. –¡Hola! ¿Qué tal? –Más
o menos... –¿Por qué? –Problemas sentimentales...
y problemas económicos... –¿Necesitas dinero?
–¡Sí!   3. –Buenas noches. ¿Dónde está el señor
López? ¿En el mercado? –Sí, señora. –Entonces...
hasta mañana. –Adiós.   4. –¿Está Luis? –Con él
habla. ¿Olga? ¿Qué hay de nuevo? –Nada. ¡Oye!
¿Estudiamos esta noche? –Sí. –Hasta luego,
entonces.

G: 1. once   2. cuarenta y cinco   3. catorce
4. quince   5. doce   6. sesenta y siete   7. trece
8. cien   9. veinte y nueve   10. treinta y cinco
11. ochenta y seis   12. diecisiete   13. treinta
14. setenta y ocho   15. noventa y dos
16. diecinueve

H: 1. Los profesores necesitan mucho dinero.
2. María no trabaja en el mercado.   3. ¿Desea
hablar con María o con Pedro?

Lección 2

A: 1. El hijo de la señora Gómez estudia
español.   2. El libro de Ana está en la clase.
3. Los hijos de Rosa necesitan dinero.
4. El cuaderno de José está en la mesa.
5. El esposo de Raquel desea hablar con la hija de
Rosa.

B: 1. Ellos son profesores.   2. ¿Tú eres de
Madrid?   3. Ella es casada.   4. Yo soy
mexicano.   5. Nosotros no somos enfermeros.
6. ¿Es Ud. ingeniero, señor Cervantes?

C: 1. Los _____ mexicanos   2. el _____ rojo
3. El _____ español   4. Los _____ azules
5. La _____ blanca   6. Las _____
norteamericanas   7. La _____ mexicana
8. las _____ blancas

D: 1. nuestra   2. sus / los _____ ella
3. tu   4. nuestros   5. su / el _____ ellos
6. mis   7. su / el _____ Uds.   8. su / la
_____ Ud.

E: _____ comes, come _____ comen /
creo _____ · cree, creemos _____ / bebo,
bebes, bebe, bebemos, beben / escribo _____
escribe _____ escriben / _____ recibes
_____ recibimos _____ / decido, decides,
decide, decidimos, deciden

F: 1. tenemos   2. vengo   3. vienen   4. Tienes
5. Viene   6. tengo   7. Tienes   8. venimos
9. Vienes   10. tiene

G: 1. –¡Tome asiento, por favor! –Gracias. –¿Es
Ud. norteamericano(-a)? –Sí, (yo) soy de los
Estados Unidos.   2. –¿Lugar de nacimiento?
–Estados Unidos.   ¿–Edad? –Treinta años.
–¿Estado civil? –Soy viuda. –¿Profesión?
–Enfermera.   3. –¿Debo llenar la planilla ahora?
–Sí, por favor.   4. –¿Cómo se llama Ud.? –Me
llamo Rosa. –¿Es Ud. soltera... divorciada...? –Soy
casada, señor. –¿Cuántos hijos tiene (Ud.)? –Tengo
cinco hijos.

H: (*Sample*) Ana López / Arizona / veinte años /
casada / Calle Magnolia, número
345 / 573-0923 / Carlos López

I. Crucigrama

Horizontal: 3. cafetería 7. preguntas
9. nombre 12. nacimiento
15. hospital 16. dinero
18. planilla 20. apellido
23. nuevo 25. separado
27. soltera 29. bocadillo
30. entrar

Vertical: 1. lección 2. jamón
4. también 5. trabajo
6. teléfono 8. tome
10. domicilio 11. inglés
13. ciudad 14. mexicana
17. español 19. hijos
21. esposa 22. bebemos
24. profesión 26. calle
28. para

Lección 3

A: 1. tiene sueño. 2. tengo hambre.
3. tenemos miedo. 4. tienen prisa. 5. tienes
frío. 6. tiene sed. 7. tiene calor. 8. tiene
cinco años.

B: 1. Ellos tienen que invitar a sus amigos.
2. Tú tienes que llevar los discos. 3. Ella no
tiene que hablar japonés. 4. Yo tengo que
estudiar esta noche. 5. Nosotros no tenemos que
escribir en francés.

C: 1. a las, al, a los, a la 2. a la, al, las, a la,
a las, el, a los 3. del, de la, de los, de las

D: 1. voy, doy, estoy 2. vas, das,
estás 3. va, da, está 4. vamos, damos,
estamos 5. van, dan, están

E: 1. setecientos 2. mil doscientos
ochenta 3. mil setenta 4. mil trescientos
diez 5. seiscientos cincuenta

F: 1. –¿Dónde están sus (tus) amigos? –Están en
el club. 2. –¿Tiene Ud. prisa, señorita Peña? –Sí,
tengo que ir al hospital. 3. –¿Lleva(s) a las chicas
a la fiesta? –No, estoy muy cansado(-a).

G: 1. El amigo del señor Vélez es uruguayo.
2. Tengo que llevar a la hermana de Pedro
al club. 3. ¿A quién llevas a la fiesta de fin de
año?

Lección 4

A: 1. _____, _____, prefieren 2. yo,
entender, _____ 3. _____, _____,
quieren 4. nosotros, cerrar, _____
5. _____, _____, pierde 6. tú, empezar,
_____ 7. _____, _____, piensa
8. nosotros comenzar, _____

B: 1. baila, más delgada (baja), más gordo
(alto) 2. hablan, más bajo 3. más simpático,
muchacho más simpático 4. más delgado
5. beben, más bonita, más fea, más bonita

C: 1. menor, mayor 2. peor, mejor 3. peor,
mejor 4. más, menos 5. más grande, más
pequeño

D: 1. voy a asistir 2. van a perder 3. vas a
manejar 4. van a empezar 5. vamos a viajar
6. va a extrañar

E: 1. invierno 2. verano 3. primavera
4. invierno 5. otoño 6. verano 7. primavera
8. otoño

F: 1. –¿Ud. quiere (desea) ir en autobús, señor
Álvarez? –No, yo prefiero ir en coche. Es más
cómodo. 2. Tu primo es muy guapo. –Sí, pero
él tiene novia. –¿Es más bonita que yo? –Sí, pero
tú eres más inteligente. 3. –¿Eres menor que tu
hermano? –No, yo soy dos años mayor que él.
4. –Tú eres la chica más bonita del mundo.
–Gracias.

G: Crucigrama

Horizontal: 1. bebida 4. cansada
6. mayor 8. inteligente
9. quinto 10. España
11. simpático 13. feo
14. pensión 17. fotografía
19. primavera 20. autobús
22. comienzo 24. muchacho
25. pelirrojo 28. restaurante
29. bonita

Vertical: 1. baile 2. alto
3. medianoche 5. delgado
7. abuelo 12. pintura
15. uruguayo 16. tocadiscos
18. automóvil 21. semana
23. cuñado 25. pequeño
26. enero 27. casa

Lección 5

A: 1. _____, _____ puedo 2. nosotros,
volver _____ 3. _____, _____, almuerzan
4. tú, encontrar, _____ 5. _____, _____,
duerme 6. yo, volar, _____ 7. _____,
_____ recuerdan 8. nosotros, poder
9. _____, _____ cuesta

B: 1. Hay tres hombres en el aeropuerto.
2. Hay tres maletas. 3. La puerta de salida
es la (puerta) número tres. 4. Hay dos empleados.
5. El señor tiene su pasaporte y su pasaje.
6. Hay un teléfono.

C: 1. está comiendo. 2. está leyendo.
3. están bailando. 4. estás sirviendo.
5. estoy escribiendo.

D: 3. Son las siete menos diez. 4. Son las seis
y veinte. 5. Es la una y media. 6. Son las diez
menos cinco. 7. Son las dos menos cuarto.
8. Son las ocho menos veinticinco.
9. Son las nueve.

E: 1. mí, ellos, Ud., ti, nosotros 2. nosotros,
ti, mí, él, Uds. 3. con ellas, contigo, con
nosotros, conmigo, con ella

F: 1. chicas altísimas. 2. muchachos guapísimos. 3. señoras feísimas. 4. niños delgadísimos. 5. señor gordísimo.

G: 1. –¿A qué hora sale el barco? –Sale a las diez (en punto) de la mañana, señor. 2. –¿A qué hora llega el ómnibus? –A las cinco y diez, señora. –¿Hay un tren por la mañana? –Sí, hay uno a las ocho y media. 3. –¿El avión llega a la medianoche? –No, señor. Tiene tres horas de retraso (atraso). 4. –Quiero un pasaje de ida a Río. –¿De primera clase? –No, de clase turista. ¿Hay vuelos los sábados por la mañana? –Sí, a las once y media. 5. –¿A qué hora es el desayuno? –El desayuno es a las ocho, el almuerzo es a las dos y la cena es a las nueve.

H: 1. El agente llega al aeropuerto a las dos y media. 2. ¿Cuánto cuesta un pasaje de ida de primera clase?

G: Crucigrama

Horizontal: 2. botones 5. sencilla 7. cancelar 8. turista 10. pocos 11. medianoche 12. fotográfica 14. pasaje 17. ventanilla 18. interior 19. avión 21. privado 25. bolso 26. toalla 27. entrada 28. equipaje

Vertical: 1. plata 3. tren 4. almuerzo 6. embajada 9. puerta 10. pensión 12. fumar 13. viajero 15. elevador 16. habitación 20. vuelta 22. declara 23. maleta 24. coche

Lección 6

A: sirvo, sirves, sirve, servimos, sirven; pedir, pides, pide, pedimos, piden; decir, digo, dice, decimos, dicen; seguir, sigo, sigues, seguimos, siguen; conseguir, consigo, consigues, consigue, conseguimos

B: 1. me 2. lo 3. los 4. las 5. las 6. lo 7. te 8. nos 9. las 10. la

C: Elena nunca va al mercado. Nunca compra nada porque no tiene mucho dinero. Su esposo tampoco va. Ellos dicen que nunca van a visitar a la madre de Elena. Dicen que tampoco van a visitar a nadie los sábados. Ninguno de sus amigos los visita los domingos, y Elena no sirve ni vino ni refrescos. Elena no es muy simpática, y su esposo no es muy simpático tampoco.

D: 1. a) estos libros b) este jabón c) esta toalla d) estas maletas 2. a) esa tarjeta b) esos cigarrillos c) ese mapa d) esas chicas 3. a) aquellas sillas b) aquel teléfono c) aquella chica d) aquellos chicos

E: 1. Tú acabas de llamar. 2. Ud. acaba de firmar. 3. Él acaba de llegar. 4. Ella acaba de leer. 5. Nosotros acabamos de pagar. 6. Uds. acaban de hablar. 7. Ellos acaban de escribir.

F: 1. –Quiero una habitación (un cuarto) con vista a la calle. –Ésta (Éste) está libre. –Bien. ¿Debo firmar el registro? –Sí, debe firmarlo. 2. –¿Es ésta su cámara fotográfica? –Sí, y también tengo estos cigarrillos. Nada más. 3. –¿Hay un buen hotel aquí? –Sí, y hay algunos restaurantes y pensiones también. –¿Dónde puedo tomar un taxi? –La primera puerta a la izquierda. 4. –¿Puede alguien llevar esas maletas a mi cuarto (habitación), por favor? –Sí, el botones puede llevarlas en seguida. Aquí está la llave. 5. –¿Tiene cuartos (habitaciones)? (Yo) Estoy en la lista de espera. –Sí, tengo uno(a) que está en el séptimo piso.

Lección 7

A: 1. 9., está 2. 10., están 3. 6., es 4. 5., es 5. 3., somos, soy, es 6. 8., está 7. 1., es 8. 6., son 9. 7., está 10. 8., está 11. 1., es 12. 3., soy 13. 4., son 14. 2., es

B: 1. Yo salgo a las dos. 2. Yo traigo los libros y traduzco las lecciones. 3. Yo no hago nada los domingos ni veo a nadie. 4. Yo conozco España pero no sé español. 5. Yo no quepo aquí. 6. Yo conduzco un Cadillac.

C: 1. Nosotros conocemos a Teresa. 2. Yo nunca pido dinero. 3. Ellos saben hablar inglés. 4. Oscar me pregunta qué hora es. 5. Armando no sabe japonés.

D: 1. El mozo me sirve arroz con frijoles. 2. El mozo les sirve una botella de vermut. 3. El mozo nos sirve flan con crema. 4. El mozo le sirve pavo relleno. 5. El mozo te sirve camarones. 6. El mozo le sirve lechón asado. 7. El mozo les sirve langosta. 8. El mozo le sirve cordero.

E: 1. Te gusta el libro. 2. Le gustan las plumas. 3. Le gusta su trabajo. 4. Nos gusta este restaurante, 5. Les gusta el postre. 6. Les gusta trabajar. 7. Me gusta bailar. 8. Te gusta esa sopa. 9. Le gusta practicar. 10. Nos gustan esos chicos. 12. Les gustan los profesores.

F: 1. –¿Va(s) a pedirles dinero? –Sí, porque quiero comprar platos. 2. –¿Sabe(s) dónde están los cuchillos? –No, no sé… 3. –¿Le gusta este mantel a su madre, señorita Peña? –Sí, pero no le gustan las servilletas.

G: 1. Estas copas le gustan mucho a Raquel. 2. Voy a pedirle sal y pimienta al mozo. 3. Mis abuelos son de España pero ahora están en Lima. o: Mis abuelos son de Lima pero ahora están en España.

Lección 8

A: 1. suya 2. suyo 3. míos 4. suyas
5. tuyo 6. nuestra 7. suyas 8. suyo
9. mía 10. nuestras

B: 1. Tú me lo das. 2. Yo se lo doy.
3. Nosotros se lo damos. 4. Ellos nos lo dan.
5. Yo se lo doy. 6. Tú se lo das.

C: 1. Puedo prestártelo. 2. ¿Quieres mandármelas? 3. Voy a llevárselos. 4. Va a dárnoslas. 5. Tiene que traérselo.

D: _____ , camine, caminen; _____ , beba, beban; _____ , suba, suban; _____ , haga, hagan; _____ , esté, estén; _____ , comience, comiencen; _____ , pida, pidan; _____ , cuente, cuenten; _____ , _____ , vayan; _____ , sea, _____

E: 1. Envíalas hoy. 2. No los retiren ahora.
3. Llámenos más tarde. 4. Déjenmela en la oficina de correos. 5. No se los dé a él. 6. Díganselo a sus padres.

F: 1. Hace dos días que tú trabajas. 2. Hace un mes que Ud. viaja. 3. Hace cuatro horas que ella lee. 4. Hace seis horas que él duerme. 5. Hace dos horas que Uds. bailan. 6. Hace dos horas que ellos escriben.

G: 1. Hace veinte minutos que ella espera.
2. Hace dos horas que él trabaja. 3. Hace una hora que ellas hablan. 4. Hace media hora que nosotros bailamos. 5. Hace cinco años que yo vivo allí.

H: 1. –¿Dónde queda la estación del metro? –Está a dos cuadras de aquí. –¿Debo seguir derecho? –No, doble a la izquierda y camine hacia Cuatro Caminos. 2. Buenas tardes. Me llamo Pedro Quesada. (Mi nombre es Pedro Quesada.) Vengo a retirar una carta certificada. –Vaya a la ventanilla número tres. 3. –Queremos mandar un telegrama. ¿Dónde está la oficina de telégrafos? –Baje al primer piso. 4. –¿Cuánto tiempo hace que él trabaja en la oficina de telégrafos? –Dos años. 5. –¿Son suyas estas estampillas, señor Rivas? (Son suyos estos sellos, señor Rivas?) –Sí, son mías (míos). Déjelas (Déjelos) ahí mismo, por favor. –Es que… Yo las (los) necesito.

I: Crucigrama
Horizontal: 3. cuenta 4. menú
5. extranjero 7. esquina
9. cuchillo 10. rato
11. jugo 12. frente 14. vía
16. sorpresa 17. puré
22. especialidad 25. tratar
26. rico 28. parado
29. arriba 32. cucharita
33. platillo

Vertical: 1. hamburguesa 2. preparo
6. algo 8. semáforo
13. excelente 14. viejo

15. cuchara 18. pedido
19. menudo 20. tinto
21. postre 23. propina
24. por 27. cuadras
30. anota 31. lista

Lección 9

A: 1. ¿Tú vendiste el vestido? 2. ¿Llegaron Uds. temprano anoche? 3. Nosotros ya lo escribimos. 4. Ella lo abrió. 5. Ellos no nos recibieron.

B: 1. Sí, fuiste tú. 2. Sí, fui a la peluquería.
3. Sí, te di el espejo. 4. Sí, me dieron el regalo.
5. Sí, fuimos a ver a mamá anoche. 6. Sí, te (le) dimos la alfombra. 7. Sí, fueron Uds. 8. Sí, me dio las revistas. 9. Sí, fue el barbero. 10. Sí, Ud. me dio (tú me diste) la escoba.

C: 1. Tú te despiertas a las seis de la mañana, y te levantas a las seis y cuarto. Te bañas, te afeitas y te vistes. A las siete y media te vas a trabajar. Trabajas hasta las cinco, y luego vuelves a casa. No te preocupas si llegas tarde. Lees un rato y luego comes con tu familia. Siempre te acuestas a las diez y media. 2. Él se despierta a las seis de la mañana, y se levanta a las seis y cuarto. Se baña, se afeita y se viste. A las siete y media se va a trabajar. Trabaja hasta las cinco, y luego vuelve a casa. No se preocupa si llega tarde. Lee un rato y luego come con su familia. Siempre se acuesta a las diez y media.

D: 1. fácilmente 2. rápidamente 3. lenta y claramente 4. alegremente 5. felizmente

E: 1. el pelo 2. la libertad / el dinero 3. las mujeres / los hombres 4. el vestido blanco 5. la cabeza 6. el vino / los refrescos

F: 1. No me voy a hacer la permanente porque el pelo lacio está de moda. 2. Le pasé la aspiradora a la alfombra porque los chicos la ensuciaron.
3. Compré un champú especial porque tengo mucha caspa.

Lección 10

A: 1. Uds. trajeron la bolsa de dormir y la pusieron en la tienda de campaña. 2. ¿Qué hiciste el sábado? ¿Viniste a la playa? 3. No pude ir de vacaciones porque no tuve tiempo. 4. Elsa no estuvo en la cabaña. 5. Nosotros no lo supimos.
6. ¿Qué dijeron ellos del salvavidas? 7. Ud. no quiso montar a caballo. 8. Rubén condujo en la autopista.

B: 1. pesqué 2. creyeron 3. saqué
4. leyó 5. toqué 6. llegué 7. busqué
8. empecé 9. pagué 10. cacé

C: 1. Sintió frío. 2. Durmieron dos horas.
3. Me pidió el traje de baño. 4. Repitió la pregunta. 5. Me mintió. 6. Consiguieron la cabaña. 7. Siguió nadando. 8. Todos murieron.

D: 1. Ella _____ por la oficina de correos. 2. Ella _____ por _____ 3. _____ dinero _____ para _____ 4. _____ por tren. 5. _____ para Buenos Aires. 6. _____ vestido para el sábado. 7. _____ diez dólares por la maleta. 8. _____ por la noche. 9. _____ cinco dólares para _____ libro.

E: 1. 9., para 2. 4., por 3. 1., por 4. 11., para 5. 6., por 6. 3., por 7. 8., para 8. 10., para 9. 9., para 10. 12., para 11. 2., por 12. 5., por

F: 1. –(Nosotros) vamos a acampar cerca del lago. –Supongo que van a nadar… –Sí, pensamos llevar nuestros trajes de baño. 2. –Vamos a divertirnos este fin de semana. –Sí, ¿vamos a alquilar una tienda de campaña? –No, yo tengo una. ¡Por supuesto! (¡Claro!) Pero solamente tenemos tres días… 3. –Salgo para México mañana. –Magnífico. ¿Va(s) por avión? –Sí, y voy a estar allí por un mes.

G: Crucigrama
Horizontal: 3. pelo 4. peluquería 6. escoba 8. barbero 10. permanente 11. revista 13. siento 14. ensuciar 15. campaña 17. vacaciones 20. trucha 22. peinado 23. río 25. magnífico 28. esquiar 29. caña 30. adentro

Vertical: 1. bolsa 2. hermoso 3. playa 5. desierto 7. vestimos 9. peine 12. aspiradora 15. costado 16. montamos 18. lavarme 19. semana 21. cocinamos 24. rizos 25. máquina 26. caspa 27. largo 31. turno

Lección 11

A: prestaba – prestabas – prestaba – prestábamos – prestaban; terminar – terminabas – terminaba – terminábamos – terminaban; devolver – devolvía – devolvía – devolvíamos – devolvían; nadar – nadaba – nadabas – nadábamos – nadaban; leer – leía – leías – leía – leían; salir – salía – salías – salía – salíamos

B: eras – ibas – veías; era – iba – veía; éramos – íbamos – veíamos; eran – iban – veían

C: 1. ¿Cuál es su apellido? 2. ¿Cuál es su número de teléfono? 3. ¿Qué es un requisito? 4. ¿Qué es una enchilada? 5. ¿Cuál es su dirección? 6. ¿Cuál es su especialización?

D: 1. que 2. que 3. quienes 4. que 5. quien

E: Hacía un año que nosotros trabajábamos. Hacía tres semanas que tú estudiabas. Hacía dos días que ellos no comían. Hacía tres meses que él no escribía.

F: 1. –¿Tú y Lupe (Ud. y Lupe) iban a los partidos de fútbol? –Sí, íbamos todos los domingos. 2. –¿Cuál es su especialización? ¿Historia? –No, sociología. 3. –El doctor Torres (La doctora Torres) es el profesor (la profesora) que enseña literatura, ¿verdad? –Creo que sí, pero no estoy seguro(-a). 4. –¿Cuánto tiempo hacía que tú (Ud.) y Carmen estudiaban cuando yo llegué? –Dos horas.

G: 1. Es preferible hacerlo lo antes posible. 2. Hacía dos semestres que estudiábamos educación física. 3. Las materias que tomé el trimestre pasado eran muy difíciles.

Lección 12

A: 1. fui 2. iba / vi 3. tuvo 4. tenía 5. visitó 6. visitaba 7. dijo / dolía 8. Eran / atropelló

B: 1. conocimos 2. conocía 3. supieron 4. sabías 5. pude 6. podían 7. quiso 8. quería

C: 1. estaba pasando la aspiradora. 2. estaba sirviendo el desayuno. 3. estábamos esperando el ómnibus. 4. estabas durmiendo. 5. se estaba peinando. 6. estaban hablando.

D: 1. Hace tres días que empezamos (comenzamos). Empezamos (Comenzamos) hace tres días. 2. Hace veinte minutos que terminaron el examen. Terminaron el examen hace veinte minutos. 3. Hace dos meses que me rompí el brazo. Me rompí el brazo hace dos meses. 4. Hace dos años que me pusieron una inyección contra el tétano. Me pusieron una inyección contra el tétano hace dos años.

E: 1. Hace frío y hace viento. 2. Hace calor y hace sol. 3. Hace frío y nieva (está nevando). 4. Llueve. (Está lloviendo.)

F: 1. –¿Estas personas son alérgicas a alguna medicina? No, pero dos (de ellas) son diabéticas y una sufre del corazón. 2. –Tengo mareos. –¿Está enferma? –No, pero creo que estoy embarazada. 3. –¿Ud. conocía a la esposa del doctor Vera, Srta. Peña? –Sí, la conocí hace dos meses. 4. –¿Cómo se siente (te sientes)? –El pecho, la espalda y el cuello me duelen mucho. –¿Vio (Viste) al médico? –Sí, fui a su consultorio esta mañana. 5. –¿Cuándo fue la última vez que le (te) pusieron una inyección contra el tétano? –El año pasado, cuando me corté el dedo del pie.

G: 1. enfermero(-a) 2. alérgico(-a) 3. corté 4. limpiar 5. herida 6. ambulancia 7. operar 8. médico 9. accidente 10. sufre 11. ojos 12. rayos 13. dolor *Proverbio:* El tiempo es oro.

H: 1. la cabeza (el pelo) 2. el ojo 3. la nariz 4. los dientes 5. la lengua 6. la boca 7. la oreja 8. el oído

I. *Crucigrama*
Horizontal: 1. como 3. tiempo 7. estómago 8. desinfectar 11. secundaria 13. pierna 14. alguna 15. aspirina 20. pies 21. ambulancia 22. pierna 24. difícil 28. nota 30. tarjeta 31. computadoras 32. antes 33. tarea 34. estudios 35. cántaros

Vertical: 2. ojos 4. enfermedad 5. nariz 6. alérgica 9. calculadora 10. vías 12. receta 16. radiografía 17. cara 18. lengua 19. matrícula 23. dedos 25. juntos 26. enfermo 27. dientes 29. entregar

Lección 13

A: 1. traído 2. cubierto 3. hecho 4. abierto 5. usado 6. dicho 7. escrito 8. comido 9. vuelto 10. muerto 11. envuelto 12. roto 13. ido 14. cambiado 15. visto 16. recibido 17. leído 18. puesto

B: 1. Hemos ido de compras. / Habíamos ido de compras. 2. He comprado la chaqueta. / Había comprado la chaqueta. 3. Lo han puesto en el ropero. / Lo habían puesto en el ropero. 4. ¿Has comido algo? / ¿Habías comido algo? 5. Se ha quedado en la planta baja. / Se había quedado en la planta baja. 6. Hemos salido al mismo tiempo. / Habíamos salido al mismo tiempo. 7. Han abierto el probador. / Habían abierto el probador. 8. Me has dicho que sí. / Me habías dicho que sí.

C: 1. cubierto 2. dormidos 3. puerta está abierta. 4. libros están cerrados. 5. está escrita 6. ventana está rota. 7. hombres están parados…esquina 8. mujer (señora) está sentada. 9. baño está ocupado.

D: 1. –¿Va (Vas) a comprar la bolsa (cartera) roja? –Sí, porque hace juego con mis sandalias. 2. –¿Dónde ha puesto Ud. su billetera, señorita Roca? –La he puesto en mi cartera (bolsa). 3. –¿Cambió Olga las botas que tú le habías comprado (que Ud. le había comprado)? –Sí, porque le quedaban chicas. 4. –¿Le envuelvo los zapatos? –No, quiero llevarlos puestos. 5. –¿Quieres ir de compras, Anita? –Sí, porque no tengo nada que ponerme. 6. –¿Quieren comer algo? –Sí, ¡estamos muertos de hambre!

E: 1. Compré la camisa en el departamento de ropa para caballeros. 2. Habían ido a la zapatería para comprar un par de zapatos. 3. El departamento de ropa para señoras está en el segundo piso.

Lección 14

A: 1. revisaré revisarás revisará revisaremos revisarán 2. – dirás dirá diremos dirán 3. haré – hará haremos harán 4. querré querrás – querremos querrán 5. sabré sabrás sabrá – sabrán 6. podré podrás podrá podremos – 7. – cabrás cabrá cabremos cabrán 8. pondré – pondrá pondremos pondrán 9. vendré vendrás – vendremos vendrán 10. tendré tendrás tendrá – tendrán 11. saldré saldrás saldrá saldremos – 12. – valdrás valdrá valdremos valdrán 13. iré – irá iremos irán 14. seré serás – seremos serán

B: 1. Lo cambiaremos mañana. 2. Lo instalarán el sábado. 3. Lo sabrá(s) esta noche. 4. Podrá venir esta tarde. 5. La pondré en la batería. 6. Vendré con David. 7. Les traeremos un silenciador. 8. Uds. tendrán que arreglarlo.

C: 1. ¿Qué hora será? 2. ¿Dónde estará la licencia? 3. ¿Funcionará el motor? 4. ¿Qué estará haciendo Mary? 5. ¿Estará vacío el motor?

D: 1. Dijeron que irían. 2. Ud. dijo (Tú dijiste) que lo haría (harías). 3. Yo dije que saldría. 4. Uds. dijeron que pararían aquí. 5. Nosotros dijimos que lo pondríamos allí. 6. Dijo que llenaría el tanque. 7. Yo dije que no lo diría. 8. Yo dije que tendría que arreglar los frenos. 9. Nosotros dijimos que ellos no cabrían. 10. Dijo que el coche valdría mucho.

E: 1. –¡Caramba! ¿Dónde habrá una estación de servicio? –Habrá una cerca de aquí… 2. –¿Cuál es la velocidad máxima en la carretera? –Noventa kilómetros. –Vas demasiado rápido. Te van a dar una multa. 3. –¿Qué le pasaría a Roberto anoche? –Tendría un pinchazo. 4. –¿Qué dijo el mecánico? –Dijo que revisaría el carburador.

F: Crucigrama
Horizontal: 3. casi 4. aprietan 8. abierta 9. blusa 11. escalera 14. luces 16. neumático 19. gasolina 20. remolcar 21. lleno 24. descompuesto 27. mediana 28. calza 30. liquidación

Vertical: 1. modelo 2. ropa 3. calcetines 5. pantalones 6. ruido 7. camino 9. bomba 10. maletero 12. cartera 13. medida 15. acumulador 17. portaguantes 18. ropa 22. licencia 23. letrero 25. estacionar 26. millas 29. guantes

Lección 15

A: 1. Sí, ya me habré levantado para las seis. 2. Sí, ya habré terminado la liquidación para el sábado.   3. Sí, ya habré lavado las verduras para las cuatro.   4. Sí, Anita ya se habrá vestido para las siete.   5. Sí, los niños ya se habrán despertado para las ocho.   6. Sí, las clases ya se habrán terminado para mayo.

B: Tú habrías cerrado. / Él habría venido. / Ella habría trabajado. / Nosotros habríamos ganado. / Yo habría anotado. / Ellos habrían jugado. / Yo habría bailado. / Tú habrías abierto. / Él habría escrito. / Ella habría dicho. / Nosotros habríamos comido. / Ellos habrían vuelto.

C: 1. Ellos se encuentran en la tienda. 2. Nosotros nos hablamos.   3. Uds. se quieren. 4. Ana y Juan se escriben.

D: 1. –¿Cómo se sale de este edificio después de las seis? –Por aquella puerta.   2. –Anita quería comprar entradas para el concierto. –De haberlo sabido, yo se las habría comprado.   3. –Yo puedo ir al supermercado con Ud. (contigo). Estaré en casa a las diez. –Para entonces se habrá cerrado. 4. –¿Uds. se ven muy a menudo? –No, pero nos llamamos todos los domingos.

E: 1. En los Estados Unidos se habla inglés. 2. Quiere ponerse a dieta porque está muy gorda. 3. Nosotros habríamos ido antes pero quisimos esperarte.

Lección 16

A: estudie estudies estudie estudiemos estudien; beba bebas beba bebamos beban;   reciba recibas reciba recibamos reciban; – hagas haga hagamos hagan; diga – diga digamos digan;   entienda entiendas – entendamos entiendan;   vuelva vuelvas vuelva – vuelvan;   sugiera sugieras sugiera sugiramos –; duerma duermas duerma – duerman; mienta mientas mienta mintamos –;– busques busque busquemos busquen;   pesque pesques pesque pesquemos pesquen; dé – dé demos den; esté estés – estemos estén; vaya vayas vaya – vayan; sea seas sea seamos –;– sepas sepa sepamos sepan

B: Yo quiero que tú aprendas. / Tú quieres que él salga. / Ella quiere que bebamos. / Nosotros queremos que ella venga. / Uds. quieren que ellos entiendan. / Ellos quieren que Uds. recuerden. / Uds. quieren que nosotros estudiemos. / Ellos quieren que nosotros escribamos. / Él quiere que nosotros mintamos. / Yo quiero que tú camines. / Ellos quieren que Uds. entren. / Ella quiere que él trabaje. / Nosotros queremos que ellos vayan.

C: 1. feche el modelo de depósito.   2. nosotros le demos el resto.   3. tú pagues en efectivo. 4. ella vaya al Banco Nacional.   5. lo dejen por un período de seis meses.   6. llene la solicitud. 7. venga en cualquier momento.   8. traigamos por lo menos cien dólares.   9. haga los pagos. 10. esté en la sucursal del Banco de América. 11. el saldo sea de menos de quinientos dólares. 12. sepa qué tipo de cuenta es.

D: 1. sino con el padre.   2. sino enfermero. 3. veinte dólares, pero... cincuenta.   4. Habla español pero... inglés.   5. sino al mercado.   6. uvas pero...

E.   1. –Espero que tenga (tengas) su (tu) talonario de cheques. –No, no lo traje.   2. –No tengo el número de la cuenta. –No importa. Yo voy a buscarlo.   3. –Yo no quiero abrir una cuenta corriente sino una cuenta de ahorros. –¿Quiere una cuenta conjunta? –Sí, por favor.   4. –¿Qué quiere ella que Ud. haga, señor Rojas? –Quiere que firme el contrato mañana por la mañana.

F: Crucigrama
Horizontal: 4. naranja   6. manzana
    10. premio   11. película
    12. hipoteca   14. apio
    15. deudas   20. ciento
    22. anual   23. conjunta
    25. seguridad   27. firma
    28. fechar   31. sandía
    32. billete   34. talonario
    36. papel   37. depositamos
    39. feriado   40. toronja
    41. huevos   42. parque

Vertical: 1. cita   2. lata   3. ganar
    5. compras   7. zanahoria
    8. piña   9. melocotón
    13. préstamo   16. pan
    17. sugiere   18. bienes
    19. mensual   20. contado
    21. cliente   23. corriente
    24. azúcar   26. gratis
    29. recibo   30. vinagre
    33. vale   35. margarina
    38. ahorros

Lección 17

A: 1. están   2. viene   3. sea   4. llegan 5. tenga   6. es   7. gaste   8. consigan 9. tengamos   10. se levanten   11. es 12. necesitamos

B: 1. _____ que nosotros nos levantemos temprano.   2. _____ que no haya literas bajas. 3. _____ que pidamos un descuento. 4. _____ que ellos compren los boletos. 5. _____ que los chicos no puedan tomar el rápido.   6. _____ que tú viajes en el coche cama. 7. _____ que Uds. tengan el permiso. 8. _____ que yo tenga que trasbordar dos veces. 9. _____ que ellos estén haciendo cola. 10. _____ que David llegue a tiempo. 11. _____ que ellos vayan también. 12. _____ que vayamos al despacho de boletos.

C: 1. Es verdad que ella compró un coche compacto.   2. Es mejor hacer reservaciones. 3. Es una lástima no estar asegurado(-a). 4. Es necesario obtener un permiso.   5. Es seguro que yo necesito una licencia para conducir.

D: 1. Sí, comamos ahora. 2. Sí, salgamos ahora. 3. Sí, escribámoslo ahora. 4. Sí, sentémonos ahora. 5. Sí, reservémoslos ahora. 6. Sí, vamos ahora. 7. Sí, visitémosla ahora. 8. Sí, digámoselo ahora. 9. Sí, hagámoslo ahora. 10. Sí, cenemos ahora.

E: 1. –¿Podemos conseguir una tarifa especial? –Sí, ellos nos darán un descuento del veinte por ciento. 2. –¿Por cuánto tiempo es válido el boleto? –Por seis meses. 3. –Hace dos horas que comiste… ¿y quieres volver a comer? –Sí, tengo hambre. 4. –Siento que Ud. tenga una litera alta. –Bueno, es mejor que dormir en el asiento.

F: 1. Ellos volvieron a alquilar un coche de cambio mecánico. 2. Es necesario que Uds. saquen pasajes de ida y vuelta. 3. Es una lástima que nosotros no podamos viajar por el sur de España.

Lección 18

A: 1. restaurante, sirven comidas mexicanas. 2. restaurante, sirvan comidas mexicanas? 3. habla inglés. 4. empleada que hable inglés. 5. es de España 6. sea de España. 7. puede arreglarlo. 8. pueda arreglarlo.

B: 1. lleguemos 2. llega 3. vuelva 4. me llame 5. se lo diga 6. me dio 7. termines 8. se lo pedimos 9. vengan 10. termino

C: 1. vengas, trabaje, salgan, se vaya 2. firmes, vea, hablen, sepamos 3. pueda, hable, quieran, compren 4. diga, tengas, piense, se vayan

D: 1. No, pero temo que se haya ido. 2. No, pero ojalá que se hayan levantado. 3. No, pero no creo que las haya traído. 4. No, pero dudo que se las hayan dado. 5. No, pero espero que lo hayan conseguido. 6. No, pero temo que la hayan roto. 7. No, pero ojalá que lo haya puesto. 8. No, pero dudo que haya vuelto.

E: 1. habla, no hables 2. come, no comas 3. escribe, no escribas 4. hazlo, no lo hagas 5. ven, no vengas 6. báñate, no te bañes 7. aféitate, no te afeites 8. duérmete, no te duermas 9. póntelo, no te lo pongas 10. ve, no vayas 11. sé, no seas 12. véndemelo, no me lo vendas 13. levántate, no te levantes 14. ten, no tengas 15. sal, no salgas 16. díselo, no se lo digas

F: 1. –Necesitamos una casa que tenga por lo menos cuatro cuartos. –No creo que Ud. pueda encontrar una por menos de noventa mil dólares. 2. –¿Sabe Ud. dónde puedo encontrar una casa que sea grande, cómoda y barata? –Sí, pero no en este barrio. 3. –¿Han comprado sábanas y fundas? –Dudo que hayan comprado nada. 4. –Ven aquí y tráeme esas toallas, María. –Sí, mamá. Aquí están. 5. –¿Hay alguien aquí que hable español? –Sí, hay dos chicas que hablan español, señor. 6. –Voy a tener un nuevo trabajo, así que necesito vestidos nuevos y… –No hagas planes todavía, querida…

G: Crucigrama
Horizontal: 3. rápido 7. sala 8. licencia 10. temo 11. Sevilla 14. dormitorio 16. aire 18. fregadero 20. sacan 21. almohada 22. garaje 23. despacho 27. cortina 28. itinerario 31. oeste 32. comedor 34. barrio 35. compacto 36. estar 38. mudarnos 40. sábanas 42. cocina 43. descuento 45. cola 46. pared 47. alegrarse

Vertical: 1. tarifa 2. literas 4. medio 5. suficiente 6. vuelto 7. sillón 9. equipajes 12. frazada 13. bienes 15. andén 17. colchón 19. bajarse 24. diario 25. frutales 26. norte 27. cama 29. traducción 30. supervisora 33. piscina 37. muebles 38. millón 39. chilena 41. cómoda 44. coche

Lección 19

A: 1. comiera 2. saliéramos 3. fueras 4. pudiera 5. trajeran 6. anduviéramos 7. pusiera 8. diera 9. durmieras 10. sirviera 11. dijera 12. vinieran 13. tuviéramos 14. hicieran 15. fueran

B: 1. Me pidió que trajera las gotas. 2. Nos sugirió que fuéramos al dentista. 3. Ellos temían que nosotros no viniéramos. 4. El doctor me aconsejó que usara una bolsa de agua caliente. 5. Buscábamos una casa que tuviera piscina. 6. Yo esperaba que el dentista me salvara la muela.

C: 1. _____ que _____ hubieras ido. 2. _____ que _____ hubieran terminado. 3. Dudaba que ella hubiera _____ 4. Temían que ella _____ casado. 5. _____ que ella hubiera vuelto. 6. No creí que _____ hubieras salido. 7. Sentíamos que _____ hubieran salido. 8. Esperaba que ella hubiera aprendido. 9. _____ que Rosa se hubiera desvestido. 10. _____ que ellos hubieran empezado. 11. Ud. no creyó que nostros hubiéramos comido.

D: 1. –¿Puedes llevarme al consultorio del dentista, por favor? –¿Te duele la muela? Tienes la cara inflamada. –Sí, temo que la encía esté infectada. –Vamos al centro médico. 2. –¿Puede Ud. leer la línea de abajo? –No, está muy borrosa. Creo que voy a necesitar anteojos. –¿Por qué no usa lentes de contacto? –Es muy difícil acostumbrarse a ellos. 3. –¿Qué te dijo el dentista que hicieras? –Me dijo que me enjuagara la boca. –¿Te dijo que necesitabas una limpieza? –Sí. 4. –No conviene que maneje ahora. –Tiene razón.

No puedo ver muy bien y me molesta la luz. ¿Eso durará mucho? –No.

E: 1. Sería mejor que también usara hilo dental para limpiarse entre los dientes. 2. Mi ayudante le va a enseñar cómo debe cepillarse los dientes. 3. Yo siempre me cepillo los dientes tres veces al día.

Lección 20

A: 1. Si tuviera tiempo, jugaría al fútbol. 2. Si estuviera de vacaciones, nadaría. 3. Si tuvieran hambre, comerían. 4. Si pudiéramos, estudiaríamos juntos. 5. Si no tuvieras que trabajar, dormirías. 6. Si fueran a la fiesta, bailarían. 7. Si no fuera sábado, Luis iría a la escuela. 8. Si le dolieran las muelas, iría al dentista.

B: 1. Si el coche está descompuesto, lo arreglaremos. 2. Si tiene tiempo, escribirá las cartas a máquina. 3. Si quieren hamburguesas, irán a McDonald's. 4. Si está enferma, irá al médico. 5. Si tienes el periódico, lo leerás. 6. Si pasa por aquí, lo tomarán.

C: 1. solicitar, solicites 2. comprar, compre 3. entrevistemos, entrevistar 4. conseguir, consigan 5. estén, estar 6. llegar, llegáramos 7. hacer, hiciera 8. tengas, tener

1. hable, una secretaria que habla francés. 2. enseñan, enseñe matemáticas. 3. sirvan, sirven comida italiana. 4. pueda, un empleado que puede hacer esas transacciones. 5. sea, es bilingüe.

1. termines, terminaste 2. necesito, necesite 3. haya, hay 4. lleguen, llegaron

1. quieran, que ellos quieren trabajar en ese campo. 2. tenga, de que él tiene sentido de responsabilidad. 3. salgamos, que nosotros salimos el doce del corriente. 4. llovió, llueva mucho.

1. haya dado, que yo le he dado un abrazo. 2. hayamos dicho, que nosotros hemos dicho esas palabras.

D: 1. Esa compañía fue fundada por mí. 2. Las cartas eran escritas por la secretaria. 3. Los empleados serán entrevistados por el presidente. 4. Las lecciones serían explicadas por los profesores. 5. Las cartas han sido traducidas por Mario. 6. La niña habría sido operada por el doctor Mendoza. 7. Quieren que los anuncios sean escritos a máquina por el mecanógrafo. 8. No creo que esas cartas hayan sido enviadas por ti. 9. Las

recomendaciones han sido escritas por nosotros. 10. La mecanógrafa será recomendada por el jefe de personal.

E: _____

_____

_____

Sr. David Martínez, Jefe de
    personal
Compañía Gómez y Hnos.
Libertad #480
Buenos Aires

F: SAMPLE:
Lo estamos pasando divinamente. Ojalá estuvieras aquí.

            Besos,

G: 1. –Ella fue a la tienda y compró dos vestidos, un par de zapatos, una bolsa... ¡Gastó cuatrocientos dólares! –Sí. Algunas veces ella gasta dinero como si fuera rica. 2. –¿A qué hora se cierran las tiendas hoy? –De acuerdo con el anuncio, se cierran a las diez de la noche. 3. –Dicen que ella es una excelente taquígrafa. –No lo creo. 4. –¿Cree que su hermana conseguirá el trabajo, señorita Rivera? –¡Espero que sí! Si ella lo consigue, tendrá muchas oportunidades de viajar. 5. –Necesitamos un apartamento, pero el apartamento que nos gustaba se alquiló ayer. –Lo siento. 6. –Alberto consiguió el trabajo en la compañía importadora-exportadora. –Por supuesto. Esa compañía fue fundada por sus abuelos.

H: Crucigrama
Horizontal: 1. anestesia 6. dental
8. pagos 9. contacto
11. anteojos 12. francés
14. caries 15. aviso
16. taquígrafo 18. espera
19. línea 20. dentífrica
21. emplea 23. importación
26. minutos 27. extraer
28. antiguo 30. borroso
31. apartamento 34. bilingüe
36. excelente 38. fecha
39. calmante

Vertical: 2. solicitan 3. mecanógrafo
4. clasificados
5. responsabilidad
7. administrativos
10. entrevista
13. recomendación 17. aguja
22. inflamada 23. intérprete
24. traductor 25. cepillarse
29. conviene 32. público
33. entre 35. jefa 37. corona

Introducción

A: *Numbers dictated by the speaker:* 5, 3, 0, 9, 2, 7, 10, 1, 4, 8, 6

B: *Dictation:* 1. Hasta mañana, señorita. 2. El gusto es mío, señor Mena. 3. ¿Cómo se llama usted? 4. Muchas gracias, profesor Peña. 5. ¿Qué día es hoy? 6. ¿Cuál es tu número de teléfono?

Lección 1

A: *Numbers dictated by the speaker:* 115, 18, 27, 97, 75, 200, 163, 100

B: *Dictation:* 1. Esta noche no trabajo. 2. ¿Qué hay de nuevo? 3. Yo necesito dinero. 4. Entonces llamo más tarde.

Lección 2

Dictation: 1. ¿Qué profesión tiene él? 2. Es ingeniero. 3. Ellos son de México también. 4. Ahora debe llenar la planilla.

Lección 3

A: *Numbers dictated by the speaker:* 278, 523, 791, 986, 315, 1.000, 22, 460

B: *Dictation:* 1. Susana invita a sus compañeros. 2. Vamos al baile del club. 3. ¿Por qué no vamos a la terraza? 4. Esta orquesta es fantástica. 5. No tengo hambre, pero tengo sed.

Lección 4

Dictation: 1. ¿Tú extrañas a tu familia? 2. Asiste a la universidad. 3. Voy a viajar a México. 4. ¿Quieren ver unas fotografías? 5. Las clases empiezan en septiembre.

Lección 5

Dictation: 1. Ella va a la agencia de viajes. 2. Tengo que pagar exceso de equipaje. 3. El avión sale al mediodía. 4. Yo almuerzo a las doce. 5. Hay vuelos los martes y jueves.

Lección 6

Dictation: 1. Sólo tengo esta cámara fotográfica. 2. La oficina de turismo es aquélla a la izquierda. 3. Hay un ómnibus que la lleva al centro. 4. Quiero una habitación sencilla con baño privado. 5. En seguida viene el botones a llevarlas.

Lección 7

Dictation: 1. Ellos celebran su aniversario de bodas. 2. Ella les pregunta qué van a hacer hoy. 3. ¿Van a ir al cine o al teatro? 4. Quiero recomendarles la torta helada. 5. Conozco un restaurante excelente.

Lección 8

Dictation: 1. El señor está leyendo el periódico. 2. Soy extranjera y no conozco las calles. 3. Debe seguir derecho por esta calle. 4. El edificio está ahí mismo. 5. Quiero enviar estas cartas por vía aérea.

Lección 9

Dictation: 1. Yo cociné y planché mi vestido rojo. 2. Ahora tienen que bañarse y vestirse. 3. Carlos está leyendo una revista. 4. La peluquería no está lejos de la farmacia. 5. ¿Tiene el pelo lacio o tiene rizos? 6. Hay menos gente por la mañana.

Lección 10

Dictation: 1. Estuvimos de vacaciones en Chile. 2. ¿Por qué no viniste con nosotros? 3. No hice reservaciones en el hotel. 4. La próxima vez voy con Uds. 5. Yo trabajé de salvavidas el año pasado. 6. Todos cenamos con la trucha que pesqué.

Lección 11

Dictation: 1. ¿Qué horario va a tener? 2. ¿Va a ser ésa su especialización? 3. Debe tomar algunos requisitos generales. 4. Debe llevárselos a la cajera. 5. Ellos conversan en la biblioteca. 6. Puedo tomar historia, química y sociología.

Lección 12

Dictation: 1. Ahora está en la sala de emergencia. 2. Voy a desinfectarle la herida. 3. ¿Me va a vendar el brazo? 4. Le pusieron una inyección contra el tétano. 5. Soy alérgica a la penicilina. 6. ¿Va a recetarme alguna medicina?

Lección 13

Dictation: 1. Hay mucha gente porque hoy hay una liquidación. 2. ¿Cuánto cuesta la blusa anaranjada? 3. Estos zapatos hacen juego con mi bolsa. 4. ¿Se las envuelvo o va a llevárselas puestas? 5. La zapatería no está abierta todavía.

Lección 14

Dictation: 1. La velocidad máxima es de noventa kilómetros. 2. Tendrá que cambiar el filtro de aceite. 3. El silenciador no funciona bien. 4. El tanque está casi vacío. 5. Yo compraría un limpiaparabrisas nuevo.

Lección 15

Dictation: 1. Quiero una docena de huevos.
2. Necesito zanahorias y cebollas.   3. De haberlo
sabido, no habría venido.   4. ¿No habrán cerrado
para esa hora?   5. Ésta es la última función de
la noche.   6. Deciden verse otra vez al día
siguiente.

Lección 16

Dictation: 1. Quiero abrir una cuenta de
ahorros.   2. No traje el talonario de cheques.
3. No tengo deudas excepto la hipoteca de la
casa.   4. Cobran un interés del quince por ciento.
5. Son certificados de depósito a plazo fijo.

Lección 17

Dictation: 1. Saquemos pasajes para el expreso.
2. Es mejor que reservemos literas.   3. Dan el
veinte por ciento de descuento.   4. Necesitamos
un permiso especial.   5. Su licencia para conducir
es suficiente.

Lección 18

Dictation: 1. Necesitan a alguien que haga
traducciones.   2. Visitó la agencia de bienes
raíces.   3. Estoy seguro de que ahora valdrá
más.   4. Debe tener piscina y patio con césped.
5. No tiene aire acondicionado.   6. Quiero una
casa que tenga salón de estar y garaje.

Lección 19

Dictation: 1. Habríamos podido salvar esta
muela.   2. También necesito una limpieza.
3. Sería mejor que usara hilo dental.   4. Póngase
una bolsa de hielo.   5. Ahora va a venir mi
ayudante.

Lección 20

Dictation: 1. La recomendaron para el puesto
vacante.   2. Es una excelente taquígrafa y
mecanógrafa.   3. El sueldo no le conviene.
4. Se necesita secretario bilingüe.   5. Todas
las transacciones eran hechas en inglés.